Hubert Kulmus
Christl Heck

*Allgäuer Alpen*

Hubert Kulmus/Christl Heck

# *Allgäuer Alpen*

## *SPEZIALFÜHRER*

*mit Kleinwalsertal, Tannheimer Tal,*
*Bregenzerwald, Lechtal.*
*Wanderungen, Bergtouren, Höhenwege*

BLV

Die Deutsche Bibliothek – CIP-Einheitsaufnahme

Kulmus, Hubert:
Allgäuer Alpen: mit Kleinwalsertal, Tannheimer Tal, Bregenzerwald, Lechtal; Wanderungen, Bergtouren, Höhenwege/
Hubert Kulmus; Christl Heck. –
München; Wien; Zürich: BLV, 1991
(Spezialführer)
ISBN 3-405-13722-5
NE: Heck, Christl:

**Bildnachweis**
Titel (Auf dem Laufbacher-Eck-Weg): Foto Heimhuber
Seite 2 (Auf dem Weg von der Ochsenhofer Scharte ins Kleinwalsertal): Foto Heimhuber
Helmut Gundolf, Riezlern: Seite 78, 80
Foto Heimhuber, Sonthofen: Seite 65, 66 (2), 67, 68, 69 (2), 70 (2), 71 (2), 72, 73 (2), 74 (2), 75 (2), 76 (2), 77, 79 (2)
Kartenskizzen:
Hellmut Hoffmann, Starnberg
Umschlaggestaltung:
F & H Werbeagentur, München

BLV Verlagsgesellschaft mbH
München Wien Zürich
8000 München 40

Die Erarbeitung dieses Werkes erfolgte nach bestem Wissen und Gewissen der Autoren. Die Begehung der hier vorgestellten Touren geschieht auf eigene Gefahr. Eine Haftung durch den Verlag bzw. die Autoren wird nicht übernommen.



Lektorat: Marianne Faiss-Heilmannseder, München
Layout: Friedrich Wilhelm Bonhagen

Satz und Druck: Appl, Wemding
Bindung: Auer, Donauwörth

Printed in Germany
ISBN 3-405-13722-5

**Erläuterung der Symbole**

| | |
|---|---|
| ☗ | Gasthaus |
| ⌂ | Unterkunftshaus/Hütte, im Sommer bewirtschaftet |
| ⌂ | Hütte/Alpe, teilbewirtschaftet |
| □ | Hütte/Alpe, nicht bewirtschaftet |
| [P] | Parkplatz |
| (H) | Bus-Haltestelle |
| [Bf] (Bf) | Bahnhof |
| ▲ | Gipfel |
| ● | Ausgangspunkt |
| ○ | Ortschaft |
| ⊗ | Sonstiger wichtiger Punkt |

**Charakterisierung der Schwierigkeitseinteilung**
**Leicht** = Bergwandern auf markierten, zum Teil befestigten Wegen und Pfaden. Keine unmittelbare Absturzgefahr entlang des Weges. Auch für Kinder ab 6 Jahren geeignet. Körperliches Wohlbefinden und Trittsicherheit Voraussetzung.

**Mittelschwer** = Bergwandern auf größtenteils markierten, zum Teil mit Seilsicherungen versehenen Wegen, Pfaden und Trittspuren in teils steilem Gelände und leichtem Fels. Zuhilfenahme der Hände stellenweise erforderlich. Bergerfahrung, Kondition und Trittsicherheit unerläßlich.

**Schwer** = Gehen auf zum Teil ausgesetzten, exponierten Wegen und Pfaden in steilem Terrain, meistens oberhalb der Baumgrenze, und Klettern im schrofigen Gelände und Fels. Bergerfahrung, Einschätzung der eigenen Leistungsfähigkeit, Können, Orientierungssinn, Trittsicherheit und Schwindelfreiheit unabdingbar.

# Inhalt

# Einführung

Es ist keine Übertreibung, wenn die Allgäuer behaupten, daß ihre Landschaft ein Juwel sei. Mit den natürlich gewachsenen Dörfern, dem lieblichen Voralpenland, den hohen Gipfeln, den romantischen Tälern, Seen, grünen Matten und Wäldern ist es ein ideales Wander- und Bergtourengebiet.

Seit annähernd 100 Jahren hat sich das Bergwandern und Bergsteigen im Allgäu als liebste Freizeitbeschäftigung, für manche gar als Leidenschaft entwikkelt. Einen großen Anteil daran haben natürlich die Bergbahnen, denn durch sie können manche kraft- und zeitraubenden An- und Abstiege eingespart und somit genußvolle Höhenwanderungen durchgeführt werden. Obwohl die Bergbahnen bei »eingefleischten« Bergtourengehern in der Regel verpönt sind, können sie für Kurzurlauber, für die ältere Generation oder weniger Konditionierte recht hilfreich sein.

Das vorliegende Buch gibt 193 Tourentips, von leichten Wanderungen über schwierigere Bergfahrten bis hin zu den anspruchsvollen Klettersteigen und mehrtägigen Alpendurchquerungen. Ein Großteil der Touren eignet sich für Familien mit Kindern. Erfaßt ist das gesamte Allgäuer Alpengebiet vom Bodensee bis zum Lech mit seinen angrenzenden Tälern in Tirol und Vorarlberg, wie Tannheimer Tal, Lechtal, Bregenzerwald und Kleinwalsertal.

Grundsätzlich muß darauf hingewiesen werden, daß sich die gut markierten Wege, Pfade und Steige größtenteils in alpinem Gebiet mit all seinen Gefahren befinden! Das bedeutet in jedem Fall sorgfältige Planung auch der einfachsten Tour. Dazu gehört die richtige Ausrüstung ebenso wie die der persönlichen Leistungsfähigkeit angepaßte Routenwahl und die genaue Erkundigung über die Wetterlage.

Sollte trotz aller Vorsicht einmal Hilfe erforderlich sein, ist es wichtig, das Alpine Notsignal zu kennen: Hörbare oder sichtbare Zeichen sind sechsmal in der Minute, mit einer Minute Unterbrechung, zu geben; die Antwortzeichen erfolgen dreimal pro Minute, ebenfalls mit einer Minute Pause dazwischen.

In der Regel sind während der Sommermonate von Juni bis September neben den allgemein öffentlich zugänglichen Alpenvereinshütten auch die Alphütten zum Teil (einfach) bewirtschaftet; doch darauf sollte man sich nicht generell verlassen.

Noch ein Wort zum Schluß: Der Schutz der Natur in dieser wunderschönen Berglandschaft muß für alle Bergwanderer Selbstverständlichkeit sein!

*Hubert Kulmus*
*Christl Heck*

# 1 Allgäuer Voralpen

Aus der geologischen Entwicklung des Allgäu ergibt sich seine naturräumliche Gliederung. Bereits in der Erdurzeit vor etwa 2 Mrd. Jahren und im Erdaltertum vor ca. 600–200 Mio. Jahren gab es in unseren Breiten Gebirge, Ebenen und Meere. Im Erdmittelalter bedeckte ein großes Meer den südeuropäischen Raum und wurde zur »Wiege der Kalkalpen«. Die Gewässer der benachbarten Gebirge schwemmten Geröll, Sand und Ton in diesen Meerestrog. Dazu kamen Algen und Kalkschalen tragende Tiere, deren Reste zu Boden sanken und sich allmählich zu Kalkstein verfestigten. Nach der 80 Mio. Jahre währenden Kreidezeit folgte vor 60 Mio. Jahren die Tertiär-Periode mit Ablagerungen des Flysch, bestehend aus Tonschiefer und Sandstein. – Die eigentliche Bildung der Gebirgszüge entstand durch die Überschiebung und Faltung der einzelnen Schichten. Ein von Südost nach Nordwest wirkender Schub setzte die Massen in Bewegung, schob hartes, älteres Gestein auf das weichere und faltete das Material zu Gebirgsketten und Formen so zusammen, wie wir sie heute bewundern können. Man unterscheidet Kalkhochalpen, Kalkvoralpen und Alpenvorland. Dieses Land vor den Alpen entstand vor etwa 600 000 Jahren während der 200 000 Jahre dauernden Eiszeit. Die bis zu 1000 m starken Gletschermassen preßten, formten und schliffen das Gesteinsmaterial, wanderten und schmolzen anschließend in das Alpenvorland hinaus. Gesteinsschutt und Schwemmland wurden von den Gletschern mitgetragen und bildeten schließlich die abwechslungsreiche Moränenlandschaft mit sanften Hügeln, dazwischen zahlreichen Seen und Mooren, malerisch hineingesetzten Findlingsblöcken, steil geböschten Flußterrassen, parallel verlaufenden Höhenrücken und wilden, interessanten Tobeln. – Das hügelige Vorland und die voralpinen Höhenzüge – sie gehen im Allgäu erst ganz allmählich in Hochgebirge über – bieten ideale Wanderbedingungen. Besonders der von der Bühler Moräne abgedämmte Alpsee mit dem angrenzenden Konstanzer Tal bildet eine deutlich gezeichnete Scheidegrenze gegen die eigentlichen Alpen. Drei zum Bodensee gewendete Höhenrücken, die Sulzberger Höhe (1041 m), der Hirschberg (1097 m) und der Pfänder (1064 m) begrenzen das Voralpenland nach Südwesten. Zum größten Teil liegen die drei Höhenzüge im österreichischen Vorarlberg. Besonders der Pfänder erfreut sich wegen seiner aussichtsreichen Lage und des zu seinen Füßen liegenden Bodensees größter Beliebtheit. Weiter draußen im Voralpenland, in nordöstlicher Richtung, erstrecken sich die bewaldeten Höhenzüge Schwarzer Grat (1118 m), Sonneneck (1065 m) und Hauchenberg (1242 m). Etwas weiter südlich, je 8 km von Oberstaufen und Isny entfernt, liegt der Eistobel. Er ist so ziemlich das Interessanteste, was das Alpenvorland zu bieten hat. Ehemalige Rheingletscher haben den Höhenzug Iberg–Kapf durchbrochen, und eine vieltausendjährige Erosion hat aus dieser Durchbruchspalte der Argen den wildromantischen Tobel geschaffen. Seinen Namen hat er wegen der grandiosen Eisbildungen im Winter erhalten. – Ausgedehnte Waldgebiete bereichern die Wandermöglichkeiten im Allgäu. Östlich der Iller, am Fuß des Grünten, grenzt der Große Wald das Alpenvorland nach Süden hin ab. Er ist das größte zusammenhängende Waldgebiet des Landkreises Oberallgäu, hat Mittelgebirgscharakter und ist ein ideales, leichtes Wandergebiet. Da der Wald als Wasserspeicher wirkt, ist er für die Gebirgslandschaft von größtem Nutzen. Durch Waldverluste entstehen Wildbäche und Erosionsschäden. Der Große Wald ist Wasserreservoir und Erwerbsquelle durch Holznutzung zugleich. Man hat allerdings die Gefahr der Rodungen erkannt und ist bestrebt, einen stabilen, natürlichen Bergwald heranzuziehen. – Weiter nach Osten liegen nacheinander die Orte Wertach, Nesselwang, Pfronten, Vils und Füssen. Sie grenzen das Voralpenland nach Norden hin ab. Dort hinaus schiebt sich zwischen Pfronten, Nesselwang und Jungholz ein langgezogener Bergrücken, dessen höchste Erhebung der Edelsberggipfel (1629 m) ist. Am südwestlichen Ausläufer dieses Höhenzugs liegt die 7 $km^2$ große österreichische Enklave Jungholz. Hier verläuft die staatspolitsche und die »grüne« Grenze zwischen Bayern und Tirol. Jungholz ist Ausgangspunkt zum Sorgschrofen, der mit seinem Doppelgipfel, dem Zinken (1636 m) und der Riederspitze (1614 m), auch geübte Wanderer begeistert. Zwischen Pfronten und Füssen erstreckt sich der langgezogene Saloberrücken, nach Süden hin durch das Tal der Vils von den höheren Bergen abgetrennt und nach Norden zu vom Weißensee und dem umliegenden Moos umrahmt. Am östlichen Ende des Höhenzugs verläßt der Lech – über die Felsen donnernd – beim berühmten »Magnustritt« die Alpen. Jahrtausendelang hat die Felsrippe, über die der Lech hinuntertost, als Stauriegel gewirkt und den Fluß von Musau nach Pfronten geleitet. Der Lech und nicht die »verkehrt« dem Gebirge entgegenfließende Vils hat das breite Vilstal geschaffen. Unentwegt sind die Wasser des Lech an der Arbeit, die schmale Felsenschlucht nach Füssen zu verbreitern und zu vertiefen. Die blankgescheuerten Strudelkessel, die vom Wasser und von den Mahlsteinen immer tiefer getrieben werden, sind Zeugen dafür.

## Sehenswertes am Weg

***Bregenz:*** Historische Altstadt (Oberstadt), Martinskirche, Martinsturm, Vorarlberger Landesmuseum; Burgruine und Wallfahrtskirche auf dem Gebhardsberg
***Füssen:*** Lechfall, Hohes Schloß, Pfarrkirche mit romanischer Krypta
***Genhofen:*** Kirche
***Grünenbach:*** »Der Stein«, vorchristliche Kultstätte; Burgruine Laubenberg
***Isny:*** Stadtmauer, Altstadt, katholische und evangelische Pfarrkirchen
***Kleinhaslach:*** Römerkastell »Vemania«
***Missen:*** Pfarrkirche, Hirnbein-Museum
***Nesselwang:*** Pfarrkirche, Wallfahrtskirche Maria Trost
***Oberstaufen:*** Pfarrkirche
***Pfänder:*** Alpenwildpark
***Pfronten-Berg:*** Pfarrkirche
***Scheidegg:*** Pfarrkirche
***Sonthofen:*** Heimathaus, Starzlachklamm
***Vils:*** St.-Anna-Kapelle, Hammerschmiede mit Wasserrad
***Wengen:*** Miniland-Modelleisenbahn-Anlage
***Wertach:*** Sebastianskapelle (»kleine Wies«)
***Zell:*** Kapelle, Ruinen Hohenfreyberg und Eisenberg

# 1 Allgäuer Voralpen

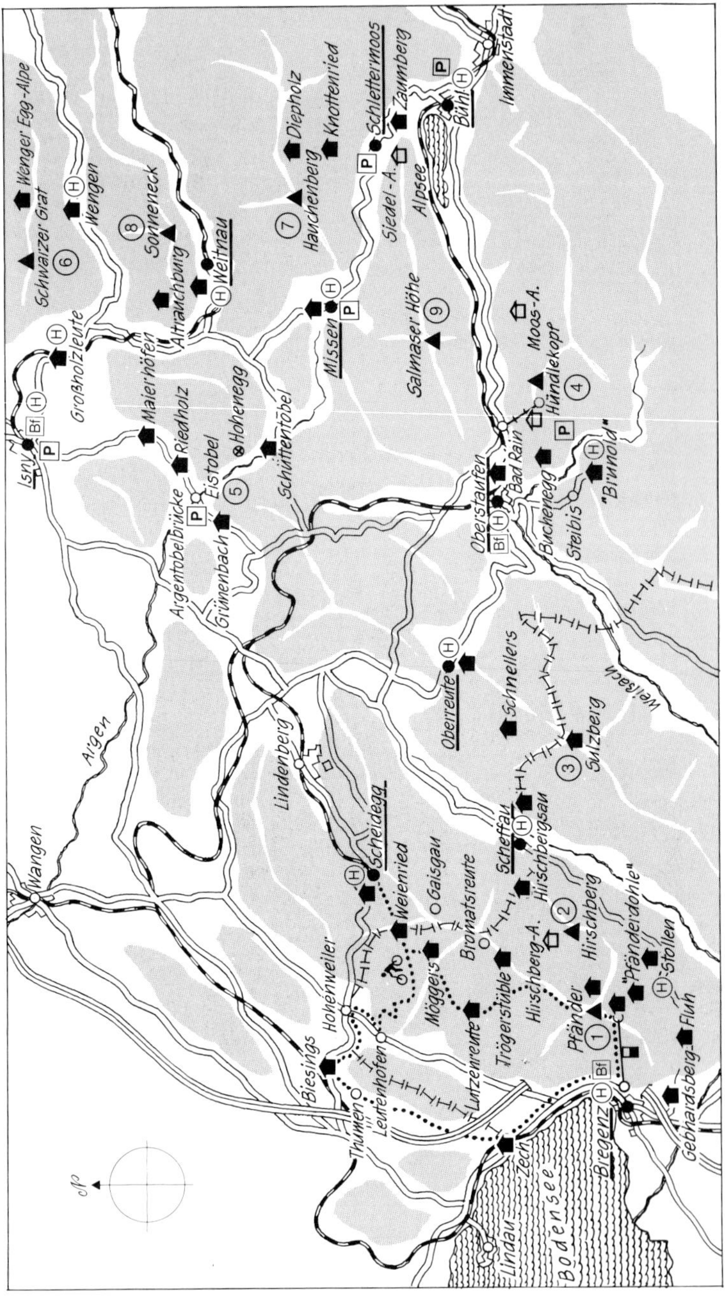

Wenger Egg-Alpe
Schwaizer Grat
Wengen
Sonneneck
Diepholz
Knottenried
Schlettermoos
Zaumberg
Immenstadt
Bühl
Alpsee
Siedel-A.
Hauchenberg
Weitnau
Altrauchburg
Maierhöfen
Großholzleute
Isny
Riedholz
Hohenegg
Eistobel
Schüttentobel
Missen
Salmaser Höhe
Moos-A.
Hündlekopf
Bad Rain
Oberstaufen
Buchenegg
Steibis
"Brunnold"
Argentobelbrücke
Grünenbach
Oberreute
Schnellers
Sulzberg
Weißach
Argen
Lindenberg
Scheidegg
Wangen
Weienried
Gaisgau
Bromatsreute
Scheffau
Hirschbergsau
Hirschberg
Hirschberg-A.
"Pfänderdohle"
Stollen
Möggers
Trögerstüble
Hohenweiler
Pfänder
Fluh
Gebhardsberg
Bregenz
Lutzenreute
Leutenhofen
Biesings
Thumen
Zech
Lindau
Bodensee
Bf

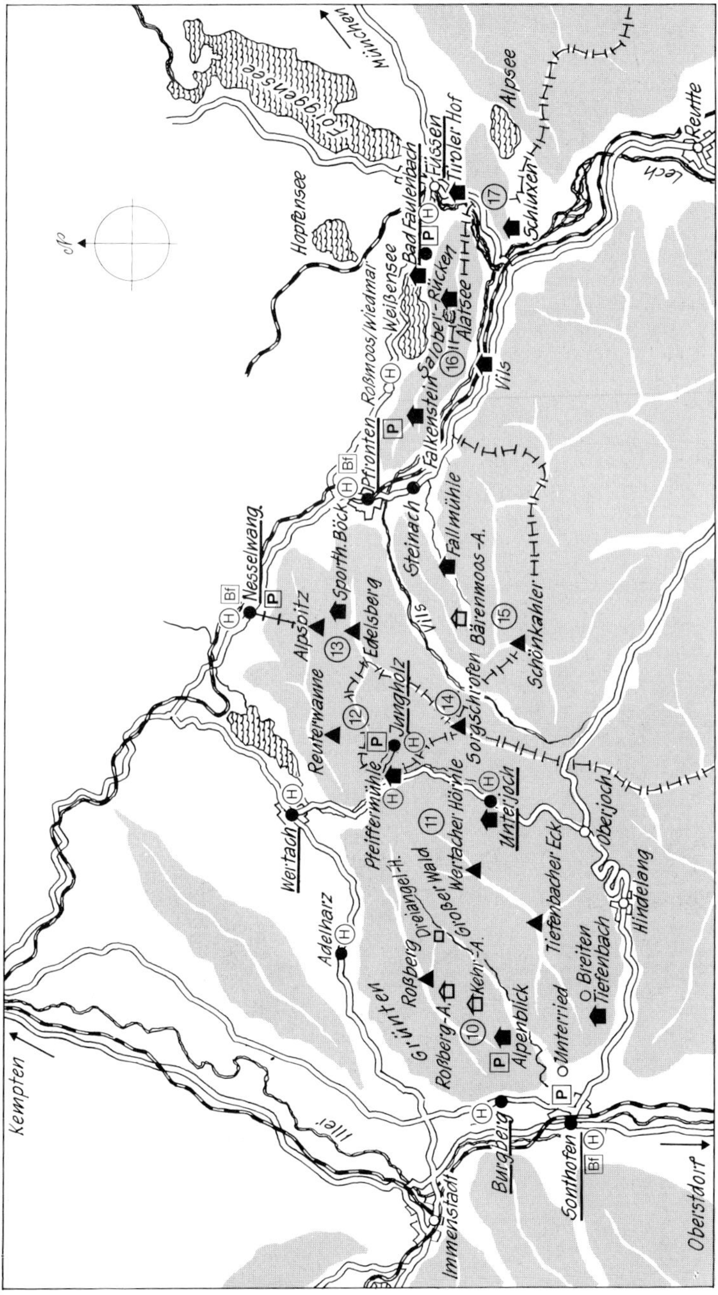

Kempten
München
Forggensee
Hopfensee
Weißensee
Alpsee
Reutte
Lech
Füssen
Tiroler Hof
Bad Faulenbach
Salober-Rücken
Alatsee
Schluxen
Vils
Roßmoos/Wiedmar
Pfronten
Falkenstein
Steinach
Fallmühle
Nesselwang
Sporth. Böck
Edelsberg
Alpspitz
Bärenmoos-A.
Schönkahler
Reuterwanne
Jungholz
Sorgschrofen
Pfeiffermühle
Wertach
Unterjoch
Oberjoch
Wertacher Hörnle
Großer Wald
Dreiangel-H.
Tiefenbacher Eck
Hindelang
Adelharz
Grünten
Roßberg
Roßberg-A.
Alpenblick
Unterried
Breiten
Tiefenbach
Burgberg
Sonthofen
Immenstadt
Iller
Oberstdorf

## 1 Pfänder (1064 m)

### [a] Höhenweg Scheidegg – Pfänder (800–1064 m)

Leicht
Gehzeit: 6–7 Stunden

***Ausgangspunkt:*** Scheidegg Ⓗ
***Wegverlauf:*** Von der Ortsmitte Scheidegg – Zollstraße westlich zum deutsch/österreichischen Grenzübergang Weienried – 300 m danach links (südlich), grün/weiß-markiert, über Möggers ☗ hinauf zum Pfänderrücken (1000 m) – Höhenweg südwestlich über Trögerhöhe – Trögerstüble ☗ – Pfändergipfel ☗ (Alpenwildpark).
Zurück auf gleichem Weg bis Trögerhöhe – rechts (ostwärts) über Bromatsreute – Gaisgau – Oberschwenden – Kalvarienberg nach Scheidegg.
[V]: Vom Pfänder Talfahrt mit der Pfänderbahn nach Bregenz – Bus nach Scheidegg.
*Bitte beachten:* Grenzübertritt, Personalausweis erforderlich.

### [b] Aufstieg von der Nordseite

Leicht
Aufstieg: 1 1/2–2 Stunden
Abstieg: ca. 2 Stunden

***Ausgangspunkt:*** Bregenz Ⓗ (Bf)
***Wegverlauf:*** Ab Stadtmitte ostwärts Richtung Pfänderbahn-Talstation – auf dem Weissenreuteweg bergwärts über Hintermoos zum Pfändersattel – links zum Pfänderhotel ☗ – in gleicher Richtung weiter zum Gipfel (1064 m) ☗.
Abstieg wie Aufstieg.
[V1]: Talfahrt mit der Pfänderbahn.
[V2]: Vom Pfänderhotel südlich auf bezeichnetem Weg über die »Pfänderdohle« ☗ – Fluh ☗ – am westlichen Ortsrand nach links – auf dem Känzeleweg am Rande des Kanzelfelsens hinunter zum Gebhardsberg ☗ – über die Raczynski-Ruhe zur Oberstadt und zum Ausgangspunkt (2 Stunden).
*Bitte beachten:* Grenzübertritt, Personalausweis erforderlich.

### [c] Radtour, fast nur bergab

Streckenlänge: 35–40 km

***Ausgangspunkt:*** Scheidegg Ⓗ Fahrradverleih
***Wegverlauf:*** Scheidegg, Zollstraße – westlich zum Grenzübergang Weienried ☗ – rechts abwärts über Leutenhofen – Hohenweiler (Grenzübergang) – neben der B 308 nach Biesings ☗ – Abzweigung nach links über Thumen – im Leiblachtal zum Bodensee – Grenzübergang in Lindau-Zech ☗ – Uferweg bis Bregenz, zur Pfänderbahn-Talstation – Bergfahrt mit der Pfänderbahn (auch Fahrradtransport möglich) ☗ – anschließend auf dem Pfänderrücken nördlich über Moos – Hub – Jungholz – Lutzenreute ☗ – Weienried ☗ (Grenze) nach Scheidegg ☗.
*Bitte beachten:* Grenzübertritt, Personalausweis erforderlich.

## 2 Hirschberg (1095 m)

### a Höhenweg Pfänder – Hirschberg (930–1095 m)

Leicht
Gehzeit: 3 Stunden

*Ausgangspunkt:* Bregenz **(Bf)** Ⓗ
*Wegverlauf:* Mit der Pfänderbahn zum Pfänder – von der Bergstation zum Pfändergipfel – 20 Min. nördlich auf dem Pfänderrücken über Moos – Hub nach Jungholz – rechts (ostwärts) auf dem Fahrweg hinunter bis zum Waldrand – am Waldrand auf dem blau/weiß-markierten Weg links über die Hirschberg-Alpe zum Hirschberg.
Abstieg südwestlich über die Alpen Ahornach und Geserberg nach Stollen – westlich hinunter zur Wirtatobelstraße – Ⓗ – Bus zum Ausgangspunkt.
*Bitte beachten:* Grenzübertritt, Personalausweis erforderlich.

### b Höhenweg Scheffau – Hirschberg (672–1095 m)

Leicht
Gehzeit: 4 Stunden

*Ausgangspunkt:* Scheffau (5 km südlich von Scheidegg) Ⓗ
*Wegverlauf:* Ab Ortsmitte auf bezeichnetem Moosweg westlich über die Kesselbachbrücke (deutsch/österreichischer Grenzübergang) nach Hirschbergsau – über Katzensteg im großen Bogen nordwestlich, dann südlich beschildert zur Unterhirschberg-Alpe – Hirschberg-Alpe – Hirschberggipfel.
Rückweg südlich abwärts zur Ahornach-Alpe – im spitzen Winkel links (nordostwärts) nach Birkenberg – beim Feldkreuz am Schlößlisberg links über Hegisberg – Hirschbergsau nach Scheffau.
*Bitte beachten:* Grenzübertritt, Personalausweis erforderlich.

## 3 Sulzberg (1013 m)

Leichte Wanderung
Gehzeit: 3 Stunden

*Ausgangspunkt:* Oberreute Ⓗ
*Wegverlauf:* Vom Kirchplatz Oberreute südlich zum Schwimmbad – an den Liftmasten entlang bergwärts zur Irsengunder Höhe – nur noch eben durch den Wald zum »Kalten Brunnen« – (Grenzübertritt nach Österreich) – auf dem Höhenrücken südwestlich nach Sulzberg. Rückweg auf gleichem Weg ostwärts bis zur Wassertretanlage – links (nordwestlich im Wildrosenmoos zur Wegegabel – auf 04/05-markiertem Weg bis zur Sulzberger Straße – oberhalb der Straße rechts (nördlich) nach Schweinhöf – 200 m auf der Straße Richtung Weiler – in Schnellers rechts stets nördlich über Bächen zum Ausgangspunkt.
*Bitte beachten:* Grenzübertritt, Personalausweis erforderlich.

## 4 Buchenegg – Hündlekopf (1112 m)

[a] Höhenweg Oberstaufen – Hündlekopf (730–1112 m)
Leicht
Gehzeit: 4 Stunden

*Ausgangspunkt:* Oberstaufen **(Bf)** Ⓗ
*Wegverlauf:* Ab Bahnhof Oberstaufen südostwärts nach Bad Rain ☗ – auf der Straße südlich nach Buchenegg ☗ – an der Kapelle links (ostwärts) bergauf über die Hündle-Alpe ⌂ – zum Hündlekopf (1112 m). Rückweg südwestlich über Hinteregg in Serpentinen bergab zu den Buchenegger Wasserfällen – über die Weißach südlich hinauf zum Gasthaus Brunold ☗. Ⓗ. Bus über Steibis nach Oberstaufen.

[b] Zur Moos-Alpe (1000 m)
Leicht
Gehzeit: 4 Stunden

*Ausgangspunkt:* Oberstaufen **(Bf)** Ⓗ
*Wegverlauf:* Von Oberstaufen mit Bus über Steibis bis Gasthaus »Brunold« ☗ Ⓗ – auf bezeichnetem Weg nördlich hinunter ins Weißachtal – über den Steg zu den Buchenegger Wasserfällen – im Wald in Serpentinen hinauf zum Wanderparkplatz [P] – an der Kapelle in Hinteregg rechts (ostwärts) über die Turra-Alpe und Ochsenschwand-Alpe zur Moos-Alpe ⌂.
Rückweg westlich über die Hochsiedel-Alpe – Hündlekopf (1112 m) – Hündle-Alpe ⌂ – zur Bergstation der Hündlebahn – Talfahrt mit der Sesselbahn – westlich über Bad Rain ☗ nach Oberstaufen.

## 5 Eistobel (714–915 m)

Leicht
Gehzeit: beliebig, 3–5 Stunden

*Ausgangspunkt:* Isny **(Bf)** Ⓗ
*Wegverlauf:* Ab Stadtmitte zur Maierhöfer Straße – [P] – südlich zum Waldbad ☗ – auf dem mit Rauten markierten Weg über Erhafts – Straß – Obersteig zur Straße Maierhöfen – Grünenbach – auf der Straße 500 m nach rechts zur Argentobelbrücke – ☗ [P] – an der Westseite der Brücke Eingang zum Eistobel gegen geringe Gebühr – hinunter zur Argen, dann flußaufwärts an den Wasserfällen vorbei bis zum Eissteg – dort Wegteilung:
[V1]: Rechts nach Grünenbach $^1/_2$–$^3/_4$ Stunde ☗ – Bus über Argentobelbrükke nach Isny.
[V2]: Über den Steg links nach Riedholz ☗ – über Maierhöfen ☗ – Warmhalden – Wolfsbühl nach Isny ☗ (2$^1/_2$ Stunden).
[V3]: Über den Steg – nach rechts bergauf über Hohenegg auf die Kugel (1000 m) – hinunter zur Klausenmühle ☗ (2 Stunden) – Bus nach Isny.
[V4]: Über den Steg – nach rechts – am Stausee vorbei bis Schüttentobel ☗. Rückweg durch den Eistobel (1$^1/_2$ Stunden).

## 6 Schwarzer Grat (1118 m)

Leicht
Gehzeit: 4 1/2–5 Stunden

*Ausgangspunkt:* Isny (Bf) Ⓗ
*Wegverlauf:* Ab Stadtmitte (Wassertorturm) ostwärts der roten Punktmarkierung folgend über Kleinhaslach – Römerkastell – Rotenbach nach Dürrenbach – bei der Kapelle links, steil hinauf zum Aussichtspunkt auf dem Adelegger Höhenrücken – auf dem Forstweg zu dem im Osten aufragenden Aussichtsturm am Gipfel des Schwarzen Grates (mit 1118 m höchster Punkt Württembergs). Rückweg bis zum Aussichtspunkt, dort auf dem bezeichneten und rot markierten Weg links, talwärts nach Großholzleute ☗ – Bus nach Isny.
[V] : Vom Schwarzen Grat ostwärts zur Wenger Egg-Alpe ☗ – südlich über die Kammhöhe des Raggenhorns hinunter nach Wengen ☗ – Bus nach Isny (1–1 1/2 Stunden).

## 7 Hauchenberg (1242 m)

Leicht
Gehzeit: 4–4 1/2 Stunden

*Ausgangspunkt:* Missen Ⓗ
*Wegverlauf:* Vom [P] Ortsmitte nördlich nach Missen-Berg – auf dem beschilderten ADAC-Rundweg und Oberallgäuer Rundwanderweg über die Wiesen am Bockerstein mäßig steil bergauf zum Westrand der Kammhöhe des 5 km breiten Hauchenbergs – auf dem Kamm nordostwärts über den höchsten Punkt (1242 m) zum Feldkreuz auf dem Schwabenberg – 15 Min. ostwärts davon, beim nächsten Feldkreuz Abzweigung nach rechts (südostwärts) durch den Wald hinunter nach Diepholz ☗ – in gleicher Richtung weiter durch die Mulde nach Knottenried ☗ – an der Kapelle rechts (westlich) über die Hinterhaselbach-Alpe ⌂ am Kühberg-Rücken hinunter zum Ausgangspunkt ☗.

## 8 Sonneneck (1065 m)

Leicht
Gehzeit: 3–4 Stunden

*Ausgangspunkt:* Weitnau Ⓗ
*Wegverlauf:* Ab Ortsmitte in der Engelhirscher Straße ostwärts nach Engelhirsch – links (nördlich) durch die Autobahn-Unterführung – auf bezeichnetem Weg über die Wiesen hinauf auf den Bergrücken des Sonnenecks (1065 m) – auf dem Kamm links (westlich) bis zur Schutzhütte – an der Hütte rechts, abwärts, auf dem Weg Nr. 1/6 im Almosenholz zum Fahrweg – links (westlich) zur Burgruine Alttrauchburg ☗.
Rückweg westlich auf Weg Nr. 3 a bis zur Bergnase oberhalb des Argentals – am Scheitelpunkt nach links auf der Kammhöhe ostwärts – nach 1/2 Stunde bei der Wegkreuzung rechts talwärts nach Weitnau zum Ausgangspunkt ☗.

## 9 Salmaser Höhe (1254 m)

Leicht
Gehzeit: 5–6 Stunden

*Ausgangspunkte:*
[a] Wanderparkplatz Schlettermoos [P] an der Staatsstraße Immenstadt – Isny (6 km ostwärts von Missen, 6 km nordwestlich von Immenstadt)
[b] Bühl am Alpsee (H), Parkplatz [P] an der Nordostecke des Alpsees
*Wegverlauf:*
[a] Vom [P] Schlettermoos westlich zur Siedel-Alpe ⌂ 15–20 Minuten.
[b] Vom [P] Bühl a. Alpsee nördlich nach Zaumberg ☗ – westlich zur Siedel-Alpe ⌂ $^1/_2$–$^3/_4$ Stunde.
Ab Siedel-Alpe (1000 m) ⌂ auf dem Teilstück des Oberallgäuer Rundwanderweges stets westlich auf der Kammhöhe über die Thaler Höhe (166 m) zur Salmaser Höhe (1254 m).
Rückweg wie Hinweg.
Stützpunkte und Abstiege nach Süden:
ab Siedel-Alpe ⌂ – Schönersreut-Alpe ⌂ – Trieblings
ab Kammhöhe – Hohenschwand-Alpe ⌂ – Bahnhof Ratholz
ab Thaler Höhe – Neuschwand-Alpe ⌂
ab Salmaser Höhe – Köhler-Alpe ⌂ – Salmas
Stützpunkte und Abstiege nach Norden:
Ab Siedel-Alpe ⌂ – Juget-Alpe ⌂ am Stixnerlift
ab Kammhöhe – Pfarr-Alpe ⌂ [P] – Mautstraße
ab Thaler Höhe – Hofacker-Alpe ⌂ – Wiederhofen ☗
ab Salmaser Höhe – Hirnbeins-Alpe ⌂

## 10 Der Große Wald (1600 m)

### [a] Königssträßchen (1163 m)

Leicht
Gehzeit: $3^1/_2$ Stunden

*Ausgangspunkt:* Burgberg (H)
*Wegverlauf:* Von Burgberg mit dem Bus (Linie Sonthofen – Reutte) nach Adelharz (H) – ab Haltestelle auf dem mit dem Andreaskreuz (×) markierten Königssträßchen südlich leicht bergauf zum Wald – nun an der Wertacher Starzlach entlang (die von Süden nach Norden fließt) bis zur Wasserscheide, dann oberhalb der nach Süden fließenden Starzlach zur Dreiangel-Forsthütte – an der folgenden Brücke rechts zum Gasthaus Alpenblick ☗. Auf dem Ried – vom Gasthaus entweder auf der Fahrstraße hinunter nach Burgberg – oder gegenüber auf dem bezeichneten Weg in die Starzlachklamm ☗ und durch die Klamm (sehr lohnend) über Winkel zum Ausgangspunkt.

### [b] Zum Bildstöckle (1299 m)

Leicht
Gehzeit: $3^1/_2$ Stunden

*Ausgangspunkt:* Sonthofen **(Bf)** Ⓗ
*Wegverlauf:* Auf dem Fluhensteinweg im Ostteil der Stadt zum Schloßbauer (Ecke Fluhensteinweg – Else-Brandström-Straße – Waltener Straße) an der Wegegabelung links (nordostwärts) hinauf zur Ruine Fluhenstein – ostwärts nach Walten [P] – Unterried [P] (Mautstraße zum Aussichtspunkt) – von Unterried Fußweg links (nordostwärts) über die Kapelle Oberried – Hubertus-Hütte zum Bildstöckle an der Westschulter des Tiefenbacher Ecks.
Rückweg auf der Fahrstraße hinunter über Stuttgarter Hütte □ – Breiten – Tiefenbach ☗ – Binswangen ☗ nach Sonthofen.

### [c] Vom Bildstöckle zum Tiefenbacher Eck (1569 m)

Leicht
Gehzeit: 3 Stunden

*Wegverlauf:* Nordostwärts in den Großen Wald – über die Tiefenbacher Hütte □ zur Dreiangel-Forsthütte □ – an der Hütte und an der folgenden Brücke wieder links – auf dem Schwäbisch-Allgäuer Weitwanderweg über Berghofen ☗ nach Sonthofen.

### [d] Roßberg (1372 m)

Leicht
Aufstieg: 2 Stunden ab [P]
Abstieg: 1 1/2–2 Stunden

*Ausgangspunkt:* Burgberg Ⓗ
*Wegverlauf:* Von der Ortsmitte von Burgberg auf dem Bachtelweg hinauf zum Gasthaus Alpenblick ☗ [P] – auf dem autofreien Teersträßchen ostwärts – bei der Gabelung links – am Fuße des Grünten zur Kehr-Alpe ⌂ – nach 1/4 Stunde dem Wegweiser nach links folgen und hinauf zur Aussichtswarte auf dem Roßberg.
Rückweg westlich über die Roßberg-Alpe ⌂ und Obere Schwand-Alpe ⌂ am Südhang des Grünten hinunter zur Kehr-Alpe ⌂ – zurück zum Ausgangspunkt.
Kleiner Umweg vom Gasthaus Alpenblick durch die Starzlachklamm ☗.

## 11 Wertacher Hörnle (1695 m)

Leicht, Ausdauer erforderlich
Gehzeit: 5–6 Stunden

*Ausgangspunkt:* Wertach Ⓗ
*Wegverlauf:* Ab Kurpark auf dem Wanderweg Nr. 12 südlich, an der Westflanke des Kühbergs mäßig steigend ins Bremenloch – auf dem Fahrweg weiter südlich zur Schnitzlertal-Alpe (1440 m) ⌂, steiler ansteigend hinauf zum Wertacher Hörnle.
Rückweg wie Anstieg oder ostwärts am Hörnle-See vorbei, dann rechts haltend, talwärts über die Stier-Alpe □ hinunter zur Pfeiffermühle ☗ Ⓗ – Bus nach Wertach.

## 12 Reuterwanne (1541 m)

Leicht
Gehzeit: 3 Stunden

*Ausgangspunkt:* Jungholz i. Tirol (H)
*Wegverlauf:* Vom [P] bei den Skiliften nördlich durch den Ort – am Ortsausgang rechts (nördlich) zum Moorweiher – am Weiher links vorbei, nordostwärts zur Oberen Reuterwanne-Alpe □ – links (nördlich) hinauf zum Gipfel.
Rückweg südwestlich über die Untere Reuterwanne-Alpe ⌂ und Gießenschwand nach Jungholz.
[V1] : Abstieg über Untere Reuterwanne-Alpe ⌂ – Alpenhof Reuter Wanne ■ – westlich zur (H) – Bus nach Jungholz (1–1 1/2 Stunden).
[V2] : Abstieg nördlich zur Buron Hütte ■ – westlich über Hinterreute auf dem Wanderweg Nr. 16 nach Wertach – Bus nach Jungholz (1–1 1/2 Stunden).
*Bitte beachten:* Grenzübertritt, Personalausweis erforderlich.

## 13 Edelsberg (1624 m) und Alpspitz (1624 m)

### [a] Aufstieg von Nesselwang

Leicht
Aufstieg: 2 1/2 Stunden, mit Liftbenutzung 3/4 Stunden
Abstieg: 2 Stunden

*Ausgangspunkt:* Nesselwang **(Bf)** (H)
*Wegverlauf:* Ab [P] Skistadion zum Gasthaus Sonnenbichl ■ – auf dem Wanderweg Nr. 47 über die untere Wasserfallbrücke – im Schloßbachtal südlich bergauf zwischen der Wallfahrtskirche Maria Trost (links) und der Kronen-Hütte ■ (rechts) zum Sportheim Böck ■ am Kappelköpfl – an der Lacher-Hütte □ vorbei kurzer Anstieg zum Edelsberg.
Abstieg zunächst nördlich in den Hufbichlsattel – Gegenanstieg 15 Minuten zur Alpspitz – ostwärts hinunter zum Sportheim Böck ■ – Talfahrt mit der Sesselbahn.
[V1] : Vom Sportheim Böck ostwärts zur Kappeler Alpe ⌂ – links (nördlich) über Maria Trost nach Nesselwang (2 Stunden).
[V2] : Vom Sportheim Böck westlich zur Jagdhütte »Auf dem Grat« – nördlich über die Bayerstetter-Alpe hinunter nach Bayerstetten – rechts (ostwärts nach Nesselwang) (2 Stunden).

### [b] Aufstieg von Pfronten

Leicht
Gehzeit: 4–4 1/2 Stunden

*Ausgangspunkt:* Pfronten-Ried **(Bf)** (H)
*Wegverlauf:* Ab Kurpark/Eishalle nordwestlich nach Pfronten-Röfleuten – am Sonnenlift auf Weg Nr. 7 bergwärts zur Gund-Hütte ⌂ – rechts (nördlich) steiler hinauf zur Fichtel-Hütte □ – links zum Edelsberggipfel.

Abstieg zur Fichtel-Hütte, dann ostwärts hinunter über den Schwandenbichl nach Pfronten.

## 14 Sorgschrofen (1638 m)

### [a] Von Jungholz

Leicht, Gipfelüberschreitung nur für Geübte
Aufstieg: 2 Stunden
Abstieg: 1 1/2 Stunden

*Ausgangspunkt:* Jungholz i. Tirol Ⓗ
*Wegverlauf:* Vom [P] am Bischlaglift auf bezeichnetem Weg in gerader Linie bergauf zum Ostrücken des Sorgschrofen – auf dem Grat rot markiert zum österreichischen Ostgipfel (1638 m) – Vorsicht beim Übergang zum deutschen Westgipfel (1613 m)!
Rückweg über die Gipfelrinne – nach dem steilen Grashang links (westlich) über die Älpele-Alpe □ hinunter zur Pfeiffermühle ☗ – ostwärts nach Jungholz.
*Bitte beachten:* Grenzübertritt, Personalausweis erforderlich. In der Gipfelregion bei Nässe schwierig. Überschreitung Ostgipfel – Westgipfel nur für Geübte!

### [b] Von Unterjoch

Leicht
Auf- und Abstieg: jeweils 1 1/2–2 Stunden

*Ausgangspunkt:* Unterjoch Ⓗ ☗
*Wegverlauf:* An der Kirche in Unterjoch auf bezeichnetem Weg ostwärts hinauf zu den Zehrerhöfen – auf dem Südrücken des Sorgschrofens (Zinken) mäßig steigend zum deutschen Westgipfel des Bergs – Übergang zum Ostgipfel Kletterei für Geübte!
Abstieg wie Aufstieg.
*Bitte beachten:* Grenzübertritt, Personalausweis erforderlich.

## 15 Schönkahler (1698 m)

Leicht, Orientierungssinn erforderlich
Gehzeit: 4 1/2–5 Stunden

*Ausgangspunkt:* Pfronten **(Bf)** Ⓗ
*Wegverlauf:* Von der Ortsmitte/Kurpark in der Kienbergstraße zur Achtalstraße – im Achtal südwestlich, taleinwärts zur Fallmühle ☗ – 300 m danach rechts auf dem Wanderweg Nr. 6 im Aftertal hinauf ins Himmelreich – bei der Wegteilung links (südwestlich) zur Bärenmoos-Alpe (1284 m) ⌂ – im anschließenden Hölltal zwischen dem hinteren und vorderen Ächsele an der steilen Ostflanke des Schönkahler vorbei Richtung Pfrontner Alpe – vor der Alpe rechts (westlich) steil hinauf auf den Rücken des Schönkahler – rechts zum Gipfelkreuz.
Abstieg wie Aufstieg bis zur Wegteilung im Himmelreich – links hinunter ins Vilstal – flußabwärts über die Vilstalsäge ☗ hinaus nach Pfronten.

## 16 Salober-Rücken (1288 m)

Leicht, Ausdauer erforderlich
Gehzeit: 5–6 Stunden

*Ausgangspunkt:* Füssen-Bad Faulenbach Ⓗ [P]
*Wegverlauf:* Von Füssen-Bad-Faulenbach auf dem Badseeweg nach Westen – dem Trimmpfad längs der Seen folgend zum Alatsee ☗ – am Nordwestufer auf bezeichnetem Weg im Wald steil hinauf zur Salober-Alpe (1089 m) ☗ – nordwestlich rot markiert bergauf zum Saloberkamm (1288 m) – eben auf dem Zirmgrat an der Flanke von Zwölferkopf und Einerkopf zur Burgruine Falkenstein (1267 m) ☗ – von der Burggaststätte westlich hinunter zur Schloßanger-Alp ☗ (1130 m) – Fahrstraße 500 m nördlich zum Parkplatz an der Falkensteinstraße – vom [P] Waldweg nordostwärts über Benken nach Roßmoos – Ⓗ an der B 310 – Bus nach Füssen zum Ausgangspunkt.
Die Wanderung ist in der Gegenrichtung Pfronten – König-Ludwig-Weg – Falkenstein – Zirmgrat – Salober-Alpe – Alatsee – Bad Faulenbach – Füssen – Bus nach Pfronten ebenso lohnend.
*Bitte beachten:* Grenzübertritt, Personalausweis erforderlich.

## 17 Rundwanderweg Ostallgäu – Tirol (1089 m)

Leicht, lange Wanderung
Gehzeit: $5^1/_2$–6 Stunden

*Ausgangspunkt:* Pfronten-Steinach **(Bf)** Ⓗ ; wahlweise auch Füssen, Pinswang und Vils
*Wegverlauf:* Von Pfronten-Steinach, Bahnhof, links auf der Zirmenbrücke über die Vils – auf dem Zirmenweg ostwärts zur St.-Anna-Kapelle bei Vils – unterhalb der Ruine Vilseck zur Krottenmoossiedlung – am Ortsausgang links hinauf zum Alatsee ☗.
[V] : Vor der St.-Anna-Kapelle links (nördlich) steil bergauf zur Salober-Alpe ☗ und rechts wieder abwärts zum Alatsee ($1^1/_2$ Stunden).
Vom Alatsee ostwärts, auf dem Trimmpfad an den Badseen vorbei – nach Bad Faulenbach ☗ – am Lechfall über den Maxsteg – auf der Straße 300 m nach rechts Richtung Grenze – am Tirolerhof ☗ ostwärts auf dem Alpenrosenweg zum Alpsee – am Nordufer auf der Fürstenstraße westlich über die Grenze nach Schluxen ☗ (Ponyhof) – über Unterpinswang zur Ulrichsbrücke – auf dem Ranzenweg westlich nach Vils ☗ – nördlich über die Vils – bei der Zement-Transportseilbahn links zur St.-Anna-Kapelle – auf dem Zirmenweg westlich zurück zum Ausgangspunkt.
*Bitte beachten:* Grenzübertritt, Personalausweis erforderlich.

# 2/3 Die Nagelfluhkette und das Gunzesrieder Tal

Dieses bezaubernde, liebliche Teilgebiet des Allgäu wird eigentlich nicht zu den Allgäuer Alpen, sondern zum Voralpengebiet gezählt. Der Grund dafür liegt in der Entstehungsgeschichte: Den Geologen zufolge ist das Becken vor dem Gebirge in Tausenden von Jahren, insbesondere nach der Eiszeit, mit angeschwemmtem flüssigen Gletscherschutt bis zu einer Dichte von 1000 m Höhe aufgefüllt worden. Kreidesandstein, dunkelgraue Schalen und Blätter enthaltende Sandsteine, rote Liashornsteine, bunte Mergel, weiße Kalke, verschiedene Quarze und fremdartige, im Allgäu nicht vorkommende einzelne Granite und Gneise aus dem Zentralmassiv haben sich im zunehmend seichten Wasser vermischt und sind im Laufe von Jahrtausenden in ungeheurer Mächtigkeit zusammengepreßt worden. In großartiger Weise hat sich das zusammengebakkene Konglomerat in einer gewaltigen Schubmasse zu drei Gebirgszügen vor den Alpen, von der Iller in einem Höhenzug ostwärts, doch hauptsächlich in südwestlicher Richtung, geformt. Die Eigenart dieses Gesteins veranschaulicht, daß es im Wasser gerollt, geschliffen und zu hartem Fels zusammengekittet worden ist. Die runden Gerölle im Fels haben den Gebirgszügen den Namen »Nagelfluh« gegeben. – Ostwärts der Iller ist der Nagelfluh-Höhenzug Rottachberg dem Grünten vorgelagert. Er erreicht eine Höhe von 1116 m. Westlich der Iller formieren sich zwischen Immenstadt und Sonthofen drei Nagelfluhhöhenzüge nach Südwesten, und zwar: die Immenstädter Berge vom Immenstädter Horn über das Gschwender Horn zum Vorderen Prodel bis zu einer Höhe von 1487 m; in der Mitte die charakteristische und klassische Nagelfluhkette vom Steineberg über den Stuiben, Rindalphorn, Hochgrat und Hochhäderich zum Kojen, bis zu einer Höhe von 1834 m; und die nördliche Balderschwanger Kette vom Tennenmooskopf über den Siplingerkopf zum Stillberg. Charakteristisch für die Nagelfluhkette sind die wulstartigen, steilen Nordabstürze, die zahmen Südhänge und die außergewöhnlich reichhaltige Flora, die insbesondere im Frühjahr einem blühenden Alpenblumengarten gleicht. Unterhalb der Felswände steht der prächtige Bergwald, der so manchem Fotografen eindrucksvolle Bildmotive schenkt. Am vollkommensten und deutlichsten demonstriert das Rindalphorn die wulstartigen Nordabstürze mit seinem formschönsten Gipfel (1821 m) der Nagelfluhkette. Sein westlicher Nachbar, der breitschultrige Hochgrat, bildet mit 1834 m den höchsten Punkt. – Selbstverständlich kann man die Gipfel der Nagelfluhkette auch einzeln erwandern, es muß nicht immer eine Kamm- oder Gratwanderung sein. Besonders schöne Anstiege gehen vom landschaftlich reizvollen Gunzesrieder Tal aus. Es ist eines der schönsten und einsamsten Täler der Allgäuer Bergwelt mit einer Fülle von Tourenmöglichkeiten: über Wiesen und Weiden, zu einsamen oder bewirtschafteten Alpen und auf die 21 Gipfel rund um das Tal. – Einmal im Jahr geht es im Tal recht lebhaft zu, beim Alpabtrieb – Viehscheid genannt. In einem

Tal, das so sehr mit der Land- und Alpwirtschaft verbunden ist, bedeutet der Viehscheid im September den Höhepunkt des bäuerlichen Jahres. Allein auf dem Scheidplatz in Gunzesried kommen mehr als 1000 Rinder zusammen. Der festliche Abzug der Herden von den teilweise recht hoch gelegenen Alpen wird nach altem Herkommen durchgeführt. Wenn auf den Alpen – so werden im Allgäu die Bergweiden genannt – während des Sommers kein Vieh verunglückt ist, wird »gekränzt«, und das Kranzrind mit Blumenschmuck und großer Schelle geht ihren Artgenossinnen voraus. – Auch im Gunzesrieder Tal gibt es nicht mehr viele Alpen, in denen die Milch gleich verarbeitet wird. Moderne Kühlwagen bringen sie ins Tal zu den großen, rationellen Molkereibetrieben. Auf den höher gelegenen Alpen wird sowieso nur noch Jungvieh gehalten. Übrigens: Der beliebte Allgäuer Emmentaler wurde nach dem Rezept von Schweizer Sennen im Jahre 1827 zuerst in Blaichach, dann im Gunzesrieder Tal produziert.

### Sehenswertes am Weg

*Bühl:* Wallfahrtskirche
*Immenstadt:* Pfarrkirche, Heimatmuseum »Hofmühle«, Burgruine Immenstadt-Stein, Hölzerne Kapelle im Steigbachtal
*Rettenberg:* Barockkirche, Burgruine Vorderburg

# 2 Die Nagelfluhkette

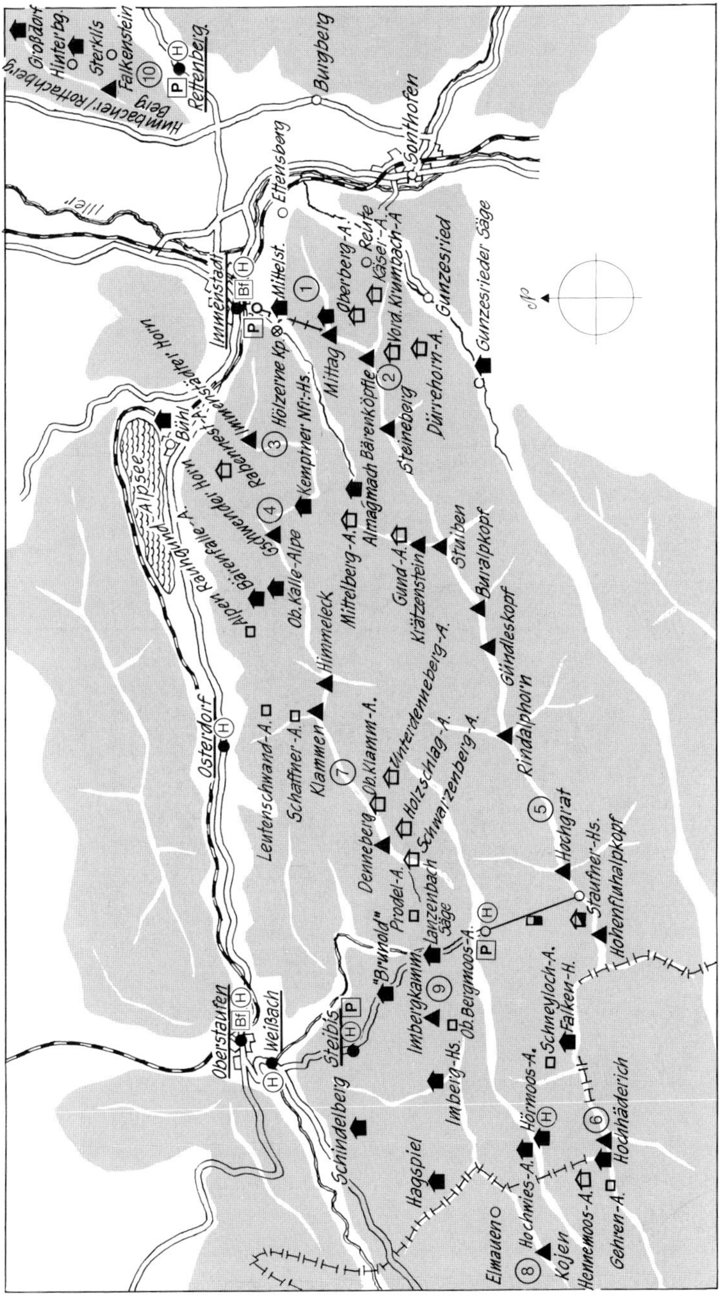
Großdorf
Hinterbg.
Sterkils
Falkenstein
Humbacher/Rottachberg
Berg
10
P
H
Rettenberg
Burgberg
Iller
Ettensberg
Sonthofen
Immenstadt
Bf
H
P
Mittelst.
1
Hölzerne Kp.
Oberberg-A.
Reute
Käser-A.
Vord. Krumbach-A.
Gunzesried
Gunzesrieder Säge
Mittag
2
Dürrehorn-A.
Steineberg
Almagmach Bärenköpfle
Immenstädter Horn
Bühl
Alpsee
3
Kemptner Nfl.-Hs.
4
Gschwender Horn
Bärenfalle-A.
Ob. Kalle-Alpe
Mittelberg-A.
Gund-A.
Stuiben
Buralpkopf
Krätzenstein
Himmeleck
Gündleskopf
Unterdenneberg-A.
Leutenschwand-A.
Schaffner-A.
Klammen
7
Ob. Klamm-A.
Holzschlag-A.
Schwarzenberg-A.
Rindalphorn
Osterdorf
Denneberg
Prodel-A.
Lanzenbach Säge
5
Hochgrat
Staufner-Hs.
Hohenfluhalpkopf
Ob. Bergmoos-A.
"Brunold"
Imbergkamm
9
Steibis
Oberstaufen
Weißbach
Imberg-Hs.
Schneyloch-A.
Falken-H.
Schindelberg
Hagspiel
Hörmoos-A.
6
Hochhäderich
Hochwies-A.
Hennemoos-A.
Gehren-A.
Elmauen
8
Kojen

## 1 Mittag (1451 m)

Leicht
Aufstieg: 2–2½ Stunden
Abstieg: 2½ Stunden

*Ausgangspunkt:* Immenstadt (Bf) Ⓗ
*Wegverlauf:* Von der Stadtmitte südlich zum Friedhof am Fuße des Immenstädter Horns [P] – auf Weg Nr. 41 südostwärts am Schattenberg bergauf zur Mittelstation der Sesselbahn ☗ – unter der Lifttrasse die Mittag-Alpe □ – und Schwandner-Alpe □ hinauf zum Gipfel ☗ (Sessellift-Bergstation).
Abstieg:
[a] Südlich über Oberberg-Alpe ⌂ – Käser-Alpe ⌂ nach Reute – auf der Ortsverbindungsstraße links (nördlich) Richtung Ettensberg – oberhalb Ettensberg links über Altmummen und Riederalp westlich nach Immenstadt (2½ Stunden).
[b] Vom Gipfel zunächst südwestlich zum Bärenkopf, dann südlich talwärts über Vordere Krumbach-Alpe ⌂ – Dürrehorn-Alpe ⌂ – nordostwärts, oberhalb von Gunzesried über Reute Richtung Ettensberg – oberhalb Ettensberg links über Schwanden – Riederalp nach Immenstadt (2½ Stunden).

## 2 Steineberg (1660 m) und Stuiben (1749 m)

Mittelschwer, Trittsicherheit erforderlich
Gehzeit: 4½–5 Stunden

*Ausgangspunkt:* Immenstadt (Bf) Ⓗ
*Wegverlauf:* Von Immenstadt mit der Mittag-Sesselbahn Bergfahrt zum Mittag (1451 m) ☗ – südwestlich aufs Bärenköpfle (1463 m) – auf dem Bergrücken in gleicher Richtung mäßig steigend zur Ostflanke des Steinebergs – an der Nordflanke (bei Nässe unangenehm) schräg hinauf zum Westrücken – auf dem Kamm eben nach links zum Gipfelkreuz. Wendung um 180 Grad und südwestlich leicht auf und ab, zuletzt über die Gratgasse zum Gipfelaufbau des Stuiben – am Ostgrat nicht schwierig auf gut gestuftem Fels an Drahtseilsicherungen hinauf zum Gipfel (¼ Stunde).
Abstieg rechts (nördlich) über den Krätzenstein und die Gund-Alpe ⌂ fast eben zur Mittelberg-Alpe ⌂ – auf sehr steilem Fahrweg ostwärts hinunter nach Almagmach ☗ – talauswärts eben zur Hölzernen Kapelle – im Steigbachtal nach Immenstadt – rechts zum [P] an der Sesselbahn-Talstation.

## 3 Immenstädter Horn (1489 m)

Leicht
Gehzeit: 4 Stunden

*Ausgangspunkt:* Immenstadt (Bf) Ⓗ

*Wegverlauf:* Von der Stadtmitte in südlicher Richtung zum Friedhof – an der Übersichtstafel nach rechts auf der Oberen Steige bis zum Wasserbehälter – auf dem Hornweg nach rechts – bei der nächsten Abzweigung links, auf dem Weg Nr. 43 in Serpentinen bergauf zur Kanzel am Hörnle über Immenstadt – im Wald weiter bergwärts zum Gipfelkreuz (Ingolstädter Hütte nur Unterstandhütte).
Abstiege:

[a] Westlich zur Kessel-Alpe ⌂ – nördlich weiter über Rabennest-Alpe ⌂ nach Rieder bei Bühl a. Alpsee ☗ – auf bezeichnetem Hornweg südostwärts nach Immenstadt (2–$2^{1}/_{2}$ Stunden).

[b] Südwestlich über Alpe-Alp ⌂ – Kemptner Naturfreundehaus ☗ – dort nördlich nach Rieder bei Bühl a. Alpsee ☗ – Hornweg nach Immenstadt ($2^{1}/_{2}$ Stunden).

[c] Südlich über die Alpe-Alp ⌂ ins Steigbachtal – talauswärts über die Hölzerne Kapelle im Steigbachtobel nach Immenstadt (2 Stunden).

## 4 Gschwender Horn (1450 m)

Leicht
Gehzeit: 4–$4^{1}/_{2}$ Stunden

*Ausgangspunkt:* Immenstadt **(Bf)** Ⓗ
*Wegverlauf:* Ab Stadtmitte die Adolf-Probst-Straße allgemein in Richtung Süden zum Friedhof – im Steigbachtobel hinauf zur Hölzernen Kapelle – nach weiteren 500 m rechts, rot markiert, zur Seifenmoos-Alpe ⌂ – nördlich, am Roten Kopf, zum Kemptner Naturfreundehaus (1440 m) ☗.
Abstieg vom Kemptner Naturfreundehaus nach Osten zur Alpe-Alp ⌂ – dort nach links (nördlich) an der Ostflanke des Gschwender Horns abwärts über die Kessel-Alpe ⌂ und Rabennest-Alpe ⌂ nach Rieder bei Bühl a. Alpsee ☗ – auf dem markierten und bezeichneten Hornweg oberhalb der Bundesstraße südostwärts nach Immenstadt.

## 5 Vom Hochgrat (1834 m) zum Mittag (1451 m)

Mittelschwer
Gehzeit: 7–8 Stunden

*Ausgangspunkt:* Oberstaufen **(Bf)** Ⓗ
*Wegverlauf:* Von Oberstaufen mit dem Bus Ⓗ (Bahnhof, ab 8 Uhr) über Steibis zur Hochgratbahn-Talstation – Bergfahrt mit der Seilbahn – (oder zu Fuß über die Obere Lauch-Alpe und das Staufner Haus, 1600 m ⌂ zur Bergstation) – von der Bergstation ☗ ostwärts hinauf zum Hochgratgipfel (1834 m) – nun stets nordostwärts zunächst hinunter zur Brunnenauscharte (1624 m) – bergauf zum Rindalphorn (1821 m) – bergab zur Gündlesscharte (1550 m) – bergauf über Gündleskopf (1748 m), Buralpkopf (1772 m), Sedererstuiben (1737 m) zum Stuiben (1749 m) – auf gut gestuften Felsbändern, drahtseilgesichert, hinunter zur Gratgasse (1669 m) – auf dem Kamm zuletzt nur noch ge-

ringfügig fallend und steigend zum Steineberg (1660 m) – unter der Nordwand hinab zum Sattel am Bärenköpfle (1400 m) – in wenigen Minuten zum Gipfel am Mittag (1451 m) ☗, Bergstation der Sesselbahn.
Talfahrt mit der Sesselbahn nach Immenstadt – mit Zug oder Bus nach Oberstaufen.
*Bitte bachten:* Steile Nordabstürze, bei Nässe schwierig. – Auf der ganzen Strecke keine Stützpunkte, kein Wasser. – Notabstiege nach Süden: Brunnenauscharte – Scheidewang-Alpe; Gündlesscharte – Hintere Au-Alpe; Stuiben – Gunzesrieder Säge; Steineberg – Gunzesried. – Notabstiege nach Norden: Brunnenauscharte – Simatsgrund-Alpe; Stuiben – Gund-Alpe.

## 6 Hochhäderich (1565 m)

### [a] Von Steibis über die Hochwies (1225 m)

Leicht
Gehzeit: 2½–3 Stunden

***Ausgangspunkt:*** Steibis Ⓗ [P]
***Wegverlauf:*** Von Steibis mit dem Bus zur Hörmoos-Alpe ☗ H – von dort nach Süden, am Hörmoossee vorbei zum Hubertus-Haus □ – Anstieg über die Kleine Häderich-Alpe □ zum Hochhäderich (1565 m) ☗.
Abstieg westlich zur Gehren-Alpe □ – dort nördlich über die Hennenmoos-Alpe ⌂ hinunter zum Gasthaus Hochhäderich ☗ – ostwärts über die Hochwies-Alpe ☗ und Hochbühl-Alpe ⌂ Ⓗ zur Waltners-Alpe ⌂ Ⓗ – Bus zum Ausgangspunkt.
*Bitte beachten:* Grenzübertritt, Personalausweis erforderlich.

### [b] Vom Hochgrat zum Hochhäderich (1565 m)

Mittelschwer, leichtere Umgehung möglich
Gehzeit: 4 Stunden bzw. Teilwanderung, 3 Stunden

***Ausgangspunkt:*** Oberstaufen **(Bf)** Ⓗ
***Wegverlauf:*** Von Oberstaufen mit dem Bus Ⓗ (Bahnhof) zur Hochgratbahn-Talstation Ⓗ [P] – Bergfahrt mit der Seilbahn – ab Bergstation ☗ westlich – oberhalb des Staufner Hauses ☗ auf fast gleichbleibender Höhe über Seelekopf (1663 m) – Hohenfluhalpkopf (1636 m) zum Eineguntkopf (1639 m) – (für nicht Schwindelfreie leichte Umgehung nach rechts über die Falken-Hütte ☗ – Schneyloch-Alpe □ – Oberstieg-Alpe ⌂ hinunter zum Ausgangspunkt) – vom Eineguntkopf mittelschweres Wegstück über die Falkenköpfe (1564 m) zum Hochhäderich (1565 m) ☗.
Abstieg nördlich über das Hubertus-Haus □ zur Hörmoos-Alpe ☗ Ⓗ – Bus zum Ausgangspunkt – oder von der Hörmoos-Alpe ostwärts über Schneyloch-Alpe □ und Oberstieg-Alpe ⌂ zur Hochgratbahn-Talstation Ⓗ
*Bitte beachten:* Grenzübertritt, Personalausweis erforderlich.

## 7 Vorderer Prodel (1487 m)

### [a] Denneberg (1427 m)

Mittelschwer
Gehzeit: 4–4 1/2 Stunden

*Ausgangspunkt:* Oberstaufen, Hochgratbahn-Talstation (H) [P]
*Wegverlauf:* An der Hochgratbahn-Talstation auf dem Steg über die Weißach – 500 m flußabwärts – bei der Abzweigung rechts auf bezeichnetem Pfad im Wald bergauf zur Prodel-Alpe (1207 m) □ – auf dem Rücken des Spitzlerbergs nordostwärts zum Denneberg (1427 m). (Vorsicht: steile Nordabstürze!) Abstieg ostwärts auf dem Kamm weiter zum Sattel zwischen Denneberg und Klammen – rechts (südlich) hinunter über die Obere Klamm-Alpe □ und weiter rechts haltend zur Unterdenneberg-Alpe □ – südwestlich Richtung Weißachtal – bei der Wegegabelung rechts (westlich) über Holzschlag-Alpe □ – Untere Schwarzenberg-Alpe □ hinunter zum Weißachsteg – rechts zum Ausgangspunkt.

### [b] Klammen (1470 m) und Himmeleck (1407 m)

Leicht
Gehzeit: 4 Stunden

*Ausgangspunkt:* Osterdorf (H) Konstanzer an der B 308 zwischen Oberstaufen und Immenstadt
*Wegverlauf:* Von Osterdorf auf der Mautstraße hinauf zur Leutenschwand-Alpe (1114 m) □ – südwestlich zur Schaffner-Alpe □ – auf rot markiertem Pfad im Wald in Serpentinen zum Klammen (1470 m) – auf dem Bergrücken ostwärts übers Himmeleck (1487 m) zum Feldkreuz an der Eckhalde – an der Skilifttrasse links (nördlich) bergab über die Obere Kalle-Alpe ☗ zur Bärenfalle-Alpe ☗ – westlich über die Alpen □ Rauhgund, Schwingund und Huberschwändle zum Ausgangspunkt.

## 8 Kojen (1300 m)

Leicht
Gehzeit: 4 1/2–5 Stunden

*Ausgangspunkt:* Oberstaufen, Ortsteil Weißach (H)
*Wegverlauf:* Von der Weißach-Mühle auf bezeichnetem Fußweg Richtung Steibis – über den Steg zur Steibiser Straße – rechts dem Wegweiser »Sägewerk Herz« folgend am Angerbach bergauf nach Schindelberg ☗ – auf dem bezeichneten Weg zum »Dreiländerblick« Auf dem Wied (1084 m) – südwestlich nach Hagspiel ☗ – Grenzübertritt nach Österreich – über Hochlitten ☗ südlich zu den Häusern von Elmauen – bergauf durch das »Steinerne Tor« zum Kojengrat – rechts zum Gipfelkreuz (1300 m).
Abstieg südlich zur Schnapshütte ☗ – links (nordostwärts) über Gluthgschwander-Alpe ⌂ und Alpe Häuslers Gschwend □ zur Waltners-Alpe ⌂ (H) – Bus über Steibis zum Ausgangspunkt.
*Bitte beachten:* Grenzübertritt, Personalausweis erforderlich.

## 9 Imbergkamm (1325 m)

Leicht
Gehzeit: $3^1/_2$–4 Stunden

*Ausgangspunkt:* Steibis Ⓗ [P]
*Wegverlauf:* Vom [P] Steibis-Auwinkel ☗ bezeichneter Weg südlich über die Imberg-Alpe ☐ hinauf zum Imberg-Haus (1218 m) ☗ – ostwärts nicht markiert zum Gipfelkreuz auf dem Imbergkamm (1325 m) – zurück zum Imberg-Haus (Ansbacher Skihütte).
Abstieg südostwärts über die Obere Bergmoos-Alpe ☐ und Remmeleck-Alpe ⌂ zur Lanzenbach Säge ☗ – 500 m nördlich – rechts über den Steg – flußabwärts – nach $^1/_4$ Stunde links über den nächsten Steg – westlich hinauf zum Gasthaus Brunold (Hirsch) ☗ – auf dem Fußweg in gleicher Richtung zum Ausgangspunkt.

## 10 Höhenzug Humbacher Berg – Rottachberg (1116 m)

Leicht
Gehzeit: 4–5 Stunden

*Ausgangspunkt:* Rettenberg, 8 km nördlich von Sonthofen, an der Staatsstraße Sonthofen – Wertach Ⓗ [P]
*Wegverlauf:* Vom [P] am östlichen Ortsrand zur Kirche Ⓗ – rechts auf dem Falkensteinweg, rot markiert, bergwärts zum Aussichtspavillon auf der Gebhardshöhe (860 m) – auf dem Höhenrücken, rot/weiß markiert, nordostwärts zur Wegegabelung »Gratweg – Waldweg« – (beide Wege führen hinauf zum Falkenstein; der Gratweg unbeschwerlich auf der Höhe, der Waldweg, schattig und an steilen Felsabstürzen vorbei, erfordert vorsichtiges Gehen) – vom Gipfelkreuz auf dem Falkenstein (1116 m) auf der Kammhöhe ostwärts, abwärts zur Geiß-Alpe ⌂ in Hinterberg – nun stets nordostwärts, rot markiert, oberhalb von Brackenberg zur Burgruine Vorderburg – rechts (südostwärts) hinunter nach Vorderburg/Großdorf ☗ – an der Kirche in Vorderburg links – am Emmereiser Moos entlang nach Emmereis – über Engelbolz und Sterklis westlich zum Ausgangspunkt.

# 3 Das Gunzesrieder Tal



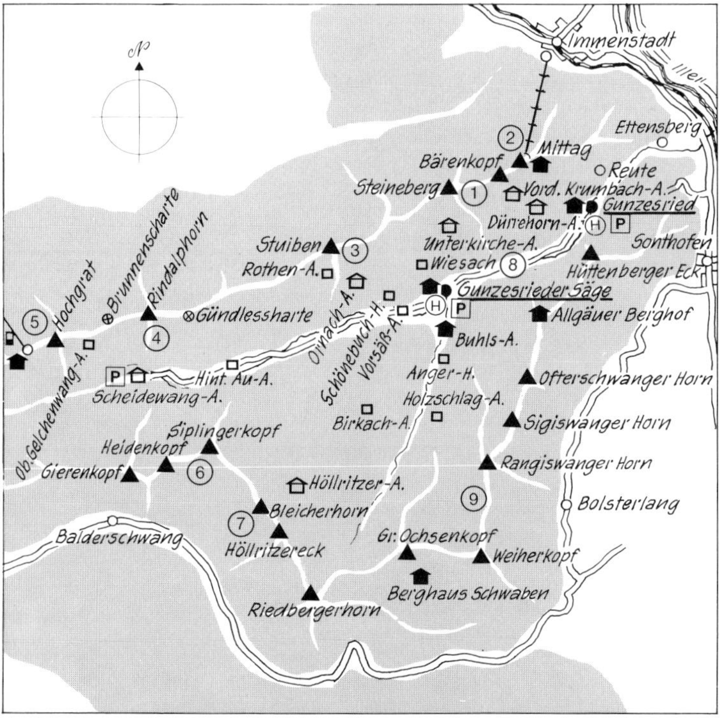

## 1 Steineberg (1660 m)

Leicht bis mittelschwer
Aufstieg: 2 Stunden
Abstieg: $1^1/_2$–2 Stunden

*Ausgangspunkt:* Gunzesried Ⓗ [P]
*Wegverlauf:* Vom [P] Ortsmitte Gunzesried auf dem Wiesach-Weg westlich bis zum Feldkreuz – nordwestlich auf bezeichnetem Weg über den Hof Obergschwend zur Dürrehorn-Alpe ⌂ – weiter bergauf zur Vordere Krumbach-Alpe ⌂ und zum Sattel zwischen Mittag (rechts) und Steineberg (links) – auf dem Kamm (1500 m) westlich ansteigend zum Gipfelaufbau des Steinebergs – an der Nordwand entlang (Vorsicht bei Nässe!) schräg hinauf zum Westrücken des Bergs – 100 m ostwärts flach zum Gipfelkreuz.
Abstieg entweder südlich über die Grathöfle-Hütte □ und Unterkirche-Alpe ⌂ ostwärts zur Dürrehorn-Alpe ⌂ – talwärts nach Gunzesried – oder vom Gipfel auf dem Kamm westlich bis zur Wegteilung am Eck vor dem Stuiben – links (südlich), rot markiert, über die Sommerhaus-Alpe □ und Wiesach-Alpe □ hinunter nach Gunzesried Säge ☗ Ⓗ – Bus nach Gunzesried.

## 2 Mittag (1451 m)

Leicht
Gehzeit: $2^1/_2$–3 Stunden

*Ausgangspunkt:* Gunzesried Ⓗ [P]
*Wegverlauf:* Ab Ortsmitte auf dem Wiesach-Weg westlich bis zur Abzweigung Winkelwies-Alpe □ – rechts (nördlich) über die Dürrehorn-Alpe ⌂ und Vordere Krumbach-Alpe ⌂ hinauf zur Kammhöhe (1500 m) – rechts (ostwärts) über den Bärenkopf (1463 m) zum Mittaggipfel ☗.
Abstieg südlich über die Oberberg-Alpe ⌂ und Käser-Alpe ⌂ ostwärts nach Reute – auf der Straße südwestlich zum Ausgangspunkt Gunzesried ☗.

## 3 Stuiben (1749 m)

Leicht bis mittelschwer
Aufstieg: $2^1/_2$ Stunden
Abstieg: 2 Stunden

*Ausgangspunkt:* Gunzesrieder Säge Ⓗ [P]
*Wegverlauf:* Ab Gunzesrieder Säge 1 km westlich – an der Vorsäß-Alpe □ rechts (nördlich) über den Aubach zur Schönebuch-Hütte □ – auf dem Jägersteig nordwestlich leicht steigend zur Ornach-Alpe ⌂ – steil bergwärts über die Rothen-Alpe □ hinauf auf den Bergrücken – rechts zum Stuibengipfel.
Abstieg ostwärts, unschwierig, drahtseilgesichert auf gestuftem Fels hinab zur Gratgasse – bei der Wegteilung am Eck rechts (südlich) über die Sommerhaus-Alpe □ und Wiesach-Alpe □ zum Ausgangspunkt ☗.

## 4 Rindalphorn (1821 m)

Leicht
Aufstieg 2 1/2 Stunden
Abstieg: 2 Stunden

*Ausgangspunkt:* Gunzesrieder Säge Ⓗ [P]
*Wegverlauf:* Von der Gunzesrieder Säge Ⓗ 5 km auf der Mautstraße bis Hintere Au-Alpe □ – Aufstieg rechts (nordwestlich) über die Vordere Rind-Alpe ⌂ zur Gündlesscharte (1570 m) – westlich steil hinauf zum Rindalphorn (1821 m). Abstieg westlich über den Vorgipfel (1764 m), den Gelchenwanger Kopf, hinunter zur Brunnenauscharte (1624 m) – links (südlich) vorbei an der Gütle-Alpe □, auch die Untere Gelchenwang-Alpe ⌂ bleibt 200 m links des Weges liegen, zur Scheidewang-Alpe (1316 m) ⌂ – auf der Fahrstraße hinunter zum Ausgangspunkt.

## 5 Hochgrat (1834 m)

Leicht
Aufstieg: 2 Stunden
Abstieg: 2 Stunden

*Ausgangspunkt:* Gunzesrieder Säge Ⓗ [P]
*Wegverlauf:* Von der Gunzesrieder Säge Ⓗ auf der Mautstraße im Autal bis zur Scheidewang-Alpe ⌂ [P] – vom [P] wenige Minuten nach rechts (nördlich) bergwärts, dann auf bezeichnetem Weg links (westlich) hinauf zum Leiterberg (1615 m) – auf der Nordseite hinab in die Senke zur Oberen Gelchenwang-Alpe □ – nordwestlich bergauf zum Bergrücken – links zur Hochgratbahn-Bergstation ⌂ – rechts zum Gipfel.
Abstieg ostwärts am Grat hinunter zur Brunnenauscharte (1624 m) – an der Scharte rechts (südlich) über die Gütle-Alpe □ und Untere Gelchenwang-Alpe (200 m links des Weges) ⌂ zum Ausgangspunkt Scheidewang-Alpe ⌂ und zur Gunzesrieder Säge.

## 6 Siplingerkopf (1746 m)

Leicht bis mittelschwer
Gehzeit: 3 1/2–4 Stunden

*Ausgangspunkt:* Gunzesrieder Säge Ⓗ [P]
*Wegverlauf:* Von Gunzesrieder Säge auf der Mautstraße 5 km im Autal bis zur Hinteren Au-Alpe □ – links (südwestlich) im Aubachtobel steil bergauf (Weg nicht verlassen, steile Schlucht!) zu den verfallenen Siplinger-Alpen – auf Grasboden hinauf zum Siplingerkopf (1746 m) – auf dem Oberallgäuer Rundwanderweg rechts (westlich) über den Heidenkopf (1685 m) Richtung Gierenkopf – zwischen Heidenkopf und Gierenkopf rechts (nördlich) hinunter zur Scheidewang-Alpe (1316 m) ⌂ – von der Alpe auf der Fahrstraße talwärts über die Hintere Au-Alpe zum Ausgangspunkt.

## 7 Höllritzereck (1669 m) und Bleicherhorn (1669 m)

Leicht
Gehzeit: $5^1/_2$ Stunden

*Ausgangspunkt:* Gunzesrieder Säge Ⓗ [P]
*Wegverlauf:* Von der Gunzesrieder Säge Ⓗ [P] südlich auf bezeichnetem Waldlehrpfad am Ostertalbach aufwärts zur Ostertalstraße – auf der autofreien Straße taleinwärts, fast eben, zur Grafenälpe-Forsthütte □ – an der Hütte rechts (westlich) bergauf zur Höllritzer-Alpe (1483 m) ⌂ – südlich 500 m hinein in den Alpkessel – beim Wegweiser rechts, bergwärts hinauf zum nahen Gipfel des Höllritzerecks – nördlich über das gleichhohe Bleicherhorn Richtung Obere Wilhelmine-Alpe – vor der Alpe rechts (ostwärts) bis zur Höllritzer Straße – kurz talwärts – bei der nächsten Kurve rechts (nordostwärts) auf der Kammhöhe des Ostertalbergs über die Birkach-Alpe □ zur Mittelberg-Alpe (1248 m) ⌂ – in gleicher Richtung hinunter zum Ausgangspunkt.

## 8 Wiesach (1150 m)

Leicht (Spaziergang)
Gehzeit: $2^1/_2$–3 Stunden

*Ausgangspunkt:* Gunzesried Ⓗ [P]
*Wegverlauf:* Von der Ortsmitte auf dem Ettensberger Weg 400 m nordostwärts – bei der Abzweigung nach links (westlich) oberhalb des Dorfes zur Winkelwies-Alpe □ – autofreie Fahrstraße nach Wiesach (Forsthaus und Alpe □) – auf der ebenen Hochfläche am Fuß des Stuiben über die Falken-Alpe □ zur Ornach-Alpe ⌂ – an der Alpe auf schattigem Waldsteig südostwärts talwärts – an der Schönebuch-Hütte □ vorbei über den Aubach links zur Gunzesrieder Säge ☗ – auf der Straße talauswärts bis zur Hohen Brücke – vor der Brücke rechts hinunter zur Gunzesrieder Ach – flußabwärts zum Ausgangspunkt ☗.

## 9 Panoramaweg über die Hörner (1665 m)

### [a] Auf das Rangiswanger Horn (1615 m)

Leicht
Gehzeit: $3^1/_2$ Stunden

*Ausgangspunkt:* Gunzesrieder Säge Ⓗ [P]
*Wegverlauf:* Von Gunzesrieder Säge auf bezeichnetem Waldlehrpfad südlich zur Ostertalstraße – auf der Straße 100 m nach links, dann nach rechts zur Anger-Hütte □ – südlich bergauf zur Holzschlag-Alpe □ – und weiter zum Oberälpele (1386 m) (Ober-Alpe □) – an der Alpe links (nördlich) über die Rangiswanger-Alpe □ hinauf ans Rangiswanger Horn (1615 m).
Abstieg ostwärts in den Sattel – an der Ostflanke des Sigiswanger Horns über die Fahnengehren-Alpe □ links zur Melk-Hütte □ – dort wieder links (südwest-

lich) hinunter ins Tal – über den Bach – rechts zur Buhls-Alpe 🏠 – weiter zum Ausgangspunkt.

### b Zum Allgäuer Berghof (1206 m)

Leicht
Gehzeit: 4 Stunden

*Ausgangspunkt:* Gunzesrieder Säge Ⓗ P
*Wegverlauf:* Von der Säge südlich über Buhls-Alpe 🏠 ins Ostertal – nach 3 km über die Ostertalbach-Brücke auf bezeichnetem Weg links zum Unter-, Mittel-, und Oberälpele (Ober-Alpe □) – am Oberälpele links nach Norden – am Rangiswanger Horn, Sigiswanger Horn und Ofterschwanger Horn jeweils am Gipfel rechts (an der Ostflanke) vorbei zum Allgäuer Berghof (1206 ) 🏠 – am Berghof links (westlich) über die Geißrücken-Alpe ⌂ hinunter zum Ausgangspunkt Gundesrieder Säge 🏠.

### c Zum Weiherkopf (1665 m) und Berghaus Schwaben (1500 m)

Leicht
Gehzeit: 5 1/2–6 Stunden

*Ausgangspunkt:* Gunzesrieder Säge Ⓗ P
*Wegverlauf:* Von der Säge über die Buhls-Alpe 🏠 südlich ins Ostertal bis zur Grafenälpe-Forsthütte □ – auf bezeichnetem Panoramaweg weiter südlich hinauf zur Prinscher-Alpe □ – ostwärts über den Ochsenkopfkamm (1550 m) links zum Großen Ochsenkopf (1662 m) – auf Steigspuren südlich hinunter zum Berghaus Schwaben (1500 m) 🏠 – (der Trittsicherheit erfordernde Ochsenkopfgipfel kann vom Kamm direkt zum Berghaus Schwaben umgangen werden) – vom Berghaus Schwaben ostwärts zum Weiherkopfsattel – nördlich auf dem Panoramaweg über Weiherkopf, Rangiswanger Horn, Sigiswanger Horn und Ofterschwanger Horn zum Allgäuer Berghof 🏠 – südwestlich über die Geißrücken-Alpe ⌂ und Buhls-Alpe 🏠 zurück zur Gunzesrieder Säge.
*Bitte beachten:* Die gesamte Hörnerregion ist Wildschutzgebiet; das Verlassen öffentlicher Wege ist nicht gestattet!

### d Auf das Hüttenberger Eck (1000 m)

Leicht
Gehzeit: 2 1/2 Stunden

*Ausgangspunkt:* Gunzesried Ⓗ P
*Wegverlauf:* Vom östlichen Ortsrand Gunzesried südostwärts bergauf – Überquerung der Allgäuer-Berghof-Straße – hinauf zum Hüttenberger Eck am Rükken des Ausläufers der Hörner (1000 m) – südostwärts hinunter Richtung »Hüttenberg« – bei der Wegteilung oberhalb von Hüttenberg nach rechts (südwestlich) im »Kuckucksnest« leicht bergauf, bergab zur nächsten Wegteilung über den Häusern von Bettenried – rechts (westlich) im Wiesholztobel hinauf zum Allgäuer Berghof 🏠 – auf beschildertem Weg zuerst südwestlich, dann nördlich über das Berghaus Blässe 🏠 – nordostwärts zum Ausgangspunkt.

# 4/5 Oberes Illertal

Aus den zahlreichen Wasseradern und Rinnsalen, die aus den Hängen des Oberstdorfer Bergkranzes sprudeln, entsteht unterhalb des Kratzer die Trettach und unter dem Allgäuer Hauptkamm in der Birgsau die Stillach. Diese beiden Quellflüsse der Iller sind bereits beim Erreichen des Talbodens zu ansehnlichen Gebirgsflüssen angewachsen, und sie nehmen in ihrem schnellen Lauf nach Oberstdorf noch immense Wassermassen aus den Seitentälern: Traufbachtal, Gerstrubental, Oytal von Südosten sowie Rappenalpental und Warmatsgundtal von Südwesten in sich auf. Der dritte und mächtigste Quellfluß der Iller, die Breitach, sammelt die Wasser an der Westflanke des Widdersteins und im Talschluß des Kleinwalsertals im Bereich der Güntlespitze und des Grünhorns. Bärgunterbach, Derrenbach und Turrabach bringen die Wasser ins Tal, und ab Baad fließen die drei vereinigten Bäche als Breitach durchs Kleinwalsertal. Daneben bessert sie ihr Wachstum noch mit den Wassermassen aus dem Gemsteltal und Wildental auf, den größten Zuwachs jedoch erhält sie bei Riezlern durch den Schwarzwasserbach. Und nun tobt sich die Breitach in wilden Wellen aus und offenbart anschließend die Gewalt der Natur in der Breitachklamm. 2 km nördlich von Oberstdorf fließen die drei wieder einigermaßen zahm gewordenen Quellflüsse Trettach, Stillach und Breitach zusammen und geben am »Illerursprung« dem Fluß den Namen »Iller«. – Nördlich hinaus über Fischen, Sonthofen bis Immenstadt hat ihr der ehemalige Illergletscher, der das Obere Illertal geformt und geprägt hat, den Lauf vorgezeigt. Deutlich sind links und rechts der Iller die Moränenterrassen zu erkennen, die der Gletscher mit seiner 800 m dicken Eisdecke am Rande der Gletscherzunge hinterlassen hat. Hinter diesen Hügeln liegen mehrere Dörfer und Weiler versteckt in die Landschaft hineingebettet. Umrahmt wird das Obere Illertal westlich von der Hörnergruppe: Riedbergerhorn, Rangiswanger Horn, Sigiswanger Horn und Ofterschwanger Horn; sowie ostwärts vom Grünten über die Sonnenköpfe bis zum Rubihorn. – In Sonthofen erhält die Iller einen bedeutenden Zuwachs durch die Ostrach, die ihre Wasser aus dem urwüchsigen Bärgündeletal und Hintersteiner Tal und von den Hängen um Hindelang sammelt. Vom Gunzesrieder Tal her empfängt die Iller in Blaichach die wasserreiche Gunzesrieder Ach, bevor sie das Obere Illertal zwischen dem Immenstädter Horn und dem Grünten verläßt, um schließlich nach weiteren 125 km bei Ulm in die Donau zu münden.

Sehenswertes am Weg

*Altstätten:* Barockkirche
*Burgberg:* Starzlachklamm
*Obermaiselstein:* Bergkirche (14. Jh.), Sturmannshöhle (Natur-Eiszeithöhle)
*Oberstdorf:* Heimatmuseum, Loretto-Kapellen
*Rettenberg:* Barockkirche
*Sonthofen:* Heimathaus, Starzlachklamm
*Tiefenbach:* Breitachklamm

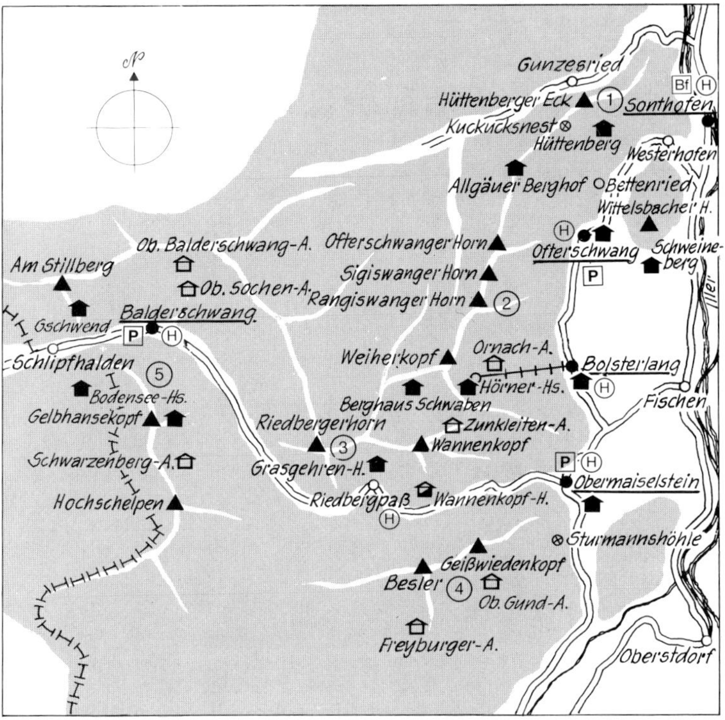


# 4 Oberes Illertal – Höhenzüge westlich der Iller

## 1 Hüttenberger Eck (1007 m)

Leicht
Gehzeit: $2^1/_2$–3 Stunden

*Ausgangspunkt:* Sonthofen **(Bf)** (H)
***Wegverlauf:*** Auf der Immenstädter Straße durch die B19-Unterführung – am Hallenschwimmbad auf dem Illersteg über die Iller nach Westerhofen – stets westlich leicht bergauf nach Hüttenberg – über die Straße, dann auf bezeichnetem Weg rechts (nordostwärts) über die Hoch-Alp weiter Richtung Bergrücken – bei der Einmündung in den von Biehlerdorf heraufkommenden Weg nach links hinauf zum Hüttenberger Eck.
Rückweg südostwärts hinunter Richtung Hüttenberg, doch bei der nächsten Abzweigung nach rechts (südlich) im »Kuckucksnest« über die Klausenbuckel-Hütte oberhalb von Bettenried nach Ofterschwang – auf dem Fußweg ostwärts über Wielenberg und Schweineberg nördlich zur Wittelsbacher Höhe (881 m) – nordostwärts über Sigishofen zum Ausgangspunkt.

## 2 Die Hörner (1665 m)

Leicht
Gehzeit: 5–6 Stunden

*Ausgangspunkt:* Ofterschwang (H) [P]
***Wegverlauf:*** Von der Talstation des Horn-Lifts nordwestlich auf bezeichnetem Weg hinauf zum Allgäuer Berghof – am Berghof links (südwestlich) auf dem Panoramaweg mäßig steigend Richtung Hörner – die Gipfel von Ofterschwanger Horn (1406 m), Sigiswanger Horn (1527 m) und Rangiswanger Horn (1615 m) werden jeweils an der Ostseite umgangen (Aussicht nur vom Rangiswanger Horn lohnend) – vom Sattel südlich des Rangiswanger Horns Aufstieg zum Weiherkopf (1665 m).
Abstieg südlich zum Horngrat (Talfahrt vom Horngrat mit der Hörnerbahn möglich) – zu Fuß ostwärts über das Hörner-Haus und die Ornach-Alpe hinunter nach Bolsterlang (H) – Bus nach Ofterschwang.
Die Wanderung ist in Süd-Nord-Richtung, mit Hörnerbahn-Bergfahrt, ebenso lohnend.

## 3 Riedbergerhorn (1787 m)

[a] **Von Bolsterlang**
Leicht
Gehzeit: 4–$4^1/_2$ Stunden

*Ausgangspunkt:* Bolsterlang (H) [P]
***Wegverlauf:*** Von Bolsterlang mit der Hörnerbahn (Sessellift) zum Horngrat (1500 m) – westlich, fast eben, zum Berghaus Schwaben – weiter westlich bis zum Talschluß – links (südlich) hinauf auf den Kamm zwischen Riedbergerhorn und Wannenkopf – auf dem Kamm westlich zum Gipfel.
Abstieg wie Aufstieg Richtung Berghaus Schwaben, doch bei der Wegteilung

im Talkessel rechts (ostwärts) an der Bolgenach über die Bolgen-Alpe □ und Zunkleiten-Alpe ⌂ talwärts – bei der nächsten Wegteilung links (nördlich) auf dem Bergblick-Höhenweg zum Ausgangspunkt.

### [b] Von Obermaiselstein

Leicht
Gehzeit: $3^1/_2$–4 Stunden

*Ausgangspunkt:* Obermaiselstein Ⓗ [P]
*Wegverlauf:* Von Obermaiselstein mit Bus zur Riebergpaßhöhe Ⓗ – nördlich zur Grasgehren Hütte ⌂ – auf dem bezeichneten Weg zum Bergkamm – links (westlich) auf das Riedbergerhorn.
Abstieg ostwärts auf dem Kamm Richtung Wannenkopf – kurz nach der Skilift-Bergstation rechts (südostwärts) auf spärlich markierten Pfadspuren talwärts zur Wannenkopf-Hütte □ – auf rot markiertem Pfad ostwärts über die Heubat-Hütten (Heuhütten) nach Obermaiselstein.

## 4 Besler (1680 m)

Leicht
Aufstieg: 3 Stunden
Abstieg: $2^1/_2$ Stunden

*Ausgangspunkt:* Obermaiselstein Ⓗ [P]
*Wegverlauf:* Von Obermaiselstein südwestlich, beschildert, zum Herrenberg – ab Ortsrand markierter Königsweg an der Schwarzenberg-Nordflanke über die Jagdhütten □ zum Sattel am Geißwiedenkopf (1545 m) – Übergang auf die Südseite zur Oberen Gund-Alpe ⌂ – kurzer Anstieg zum Gipfelaufbau – Klettersteig an der Gipfelwand (nur für Geübte) – leichter Normalweg unter der Gipfelwand zum Durchgang an der Westseite des Bergs – auf bezeichnetem Steig ostwärts leicht zum Gipfel.
Abstieg westlich bis zur Wegteilung, dann südlich hinunter zur Freyburger-Alpe ⌂ – auf der Asphaltstraße talauswärts zur Tiefenbacher Straße – 10 Minuten nördlich zum Hirschsprung – Fußweg links zur Sturmannshöhle – über Haubenegg zum Ausgangspunkt ⌂.

## 5 Balderschwang (1044 m)

### [a] Am Stillberg (1530 m)

Leicht
Gehzeit: $3^1/_2$ Stunden

*Ausgangspunkt:* Balderschwang Ⓗ [P]
*Wegverlauf:* Ab Ortsmitte 500 m ostwärts – auf bezeichnetem Weg Nr. 1 links (nordostwärts) bergauf über Obere Socher-Alpe ⌂ – bei der nächsten Abzweigung links über Obere Balderschwang-Alpe ⌂ und Spicherhalde-Alpe ⌂ zur verfallenen Hinteren Stillberg-Alpe (Gipfelanstieg auf den Stillberg im steilen Schrofengelände nicht ratsam).

Abstieg südwestlich über die Vordere Stillberg-Alpe und Doserloch-Alpe hinunter zur deutsch/österreichischen Grenzstation Schlipfhalden – oberhalb der Straße ostwärts über Gschwend zum Ausgangspunkt.

### [b] Auf den Hochschelpen (1552 m)

Leicht
Gehzeit: 3 1/2–4 Stunden

*Ausgangspunkt:* Balderschwang (H) [P]
*Wegverlauf:* Von der Ortsmitte südlich zur Skiliftstation [P] – auf dem Weg Nr. 5 nördlich der Bolgenach links zur Wegteilung – unter der Materialbahn auf Weg Nr. 6 südlich hinauf zum Gelbhanselopf (1440 m) »Lenzen« – auf dem Schwarzenbergrücken auf Weg Nr. 7 über die Schwarzenberg-Alpe und die verfallene Hochschelpen-Alpe auf den Hochschelpen (1552 m).
Abstieg westlich, spärlich markiert, hinunter zum Lappbach und an diesem nördlich zum Fuchsstüble – auf dem Fahrweg über das Bodensee-Haus und die Lappach-Hütte zum Ausgangspunkt.

# 5 Oberes Illertal – Höhenzüge und Berge östlich der Iller

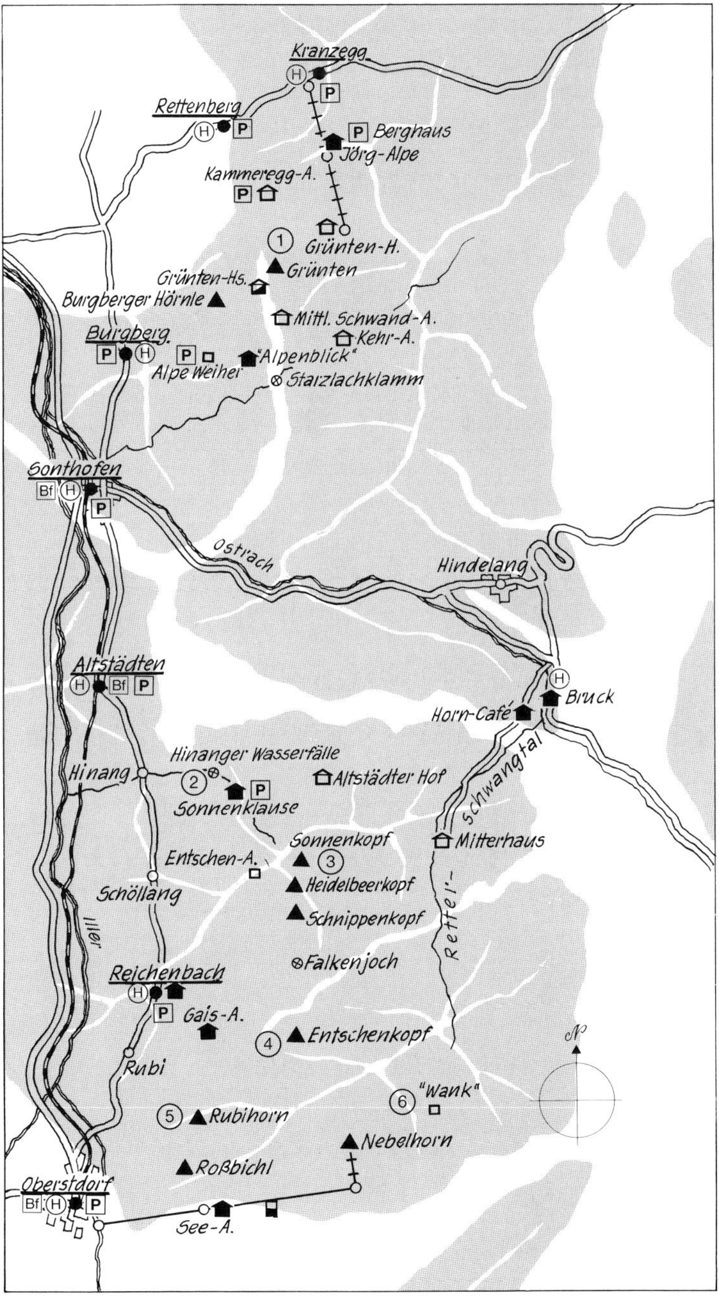

Kranzegg
P
Rettenberg
P
P
Berghaus
Jörg-Alpe
Kammeregg-A.
P
1
Grünten-H.
Grünten
Grünten-Hs.
Burgberger Hörnle
Mittl. Schwand-A.
Kehr-A.
Burgberg
P
P
"Alpenblick"
Alpe Weiher
Starzlachklamm
Sonthofen
Bf
P
Ostrach
Hindelang
Altstädten
Bf
P
Bruck
Horn-Café
Hinanger Wasserfälle
Hinang
2
P
Altstädter Hof
Sonnenklause
Schwangtal
Sonnenkopf
Mitterhaus
Entschen-A.
3
Heidelbeerkopf
Schöllang
Schnippenkopf
Iller
Retter-
Falkenjoch
Reichenbach
P
Gais-A.
4
Entschenkopf
Rubi
6
"Wank"
5
Rubihorn
Nebelhorn
Roßbichl
Oberstdorf
Bf
P
See-A.

# 1 Grünten (1738 m)

## [a] Normalaufstieg von Burgberg

Leicht
Aufstieg: $2^1/_2$ Stunden
Abstieg: 2–$^1/_2$ Stunden

***Ausgangspunkt:*** Burgberg Ⓗ [P]
***Wegverlauf:*** Von der Ortsmitte auf dem Bachtelweg ostwärts hinauf zur Alpe Weiher □ [P] – auf bezeichnetem Weg links zum Waldrand – im Wald steil am Wustbach in Serpentinen bergauf zum Grünten-Haus (1535 m) – nördlich zum bewaldeten Grüntengrat und auf diesem zum Westgipfel – an der Sendeanlage des Rundfunks vorbei zum Grünten-Ostgipfel (1738 m) mit dem Gebirgsjäger-Ehrenmal (auch Übelhorn).
Abstieg zurück zum Grünten-Haus – oberhalb der Stuhlwand auf der freien Südseite über die Zweifelgehren-Alpe □ und Mittiere Schwand-Alpe hinunter zur Kehr-Alpe – auf der Straße zum »Alpenblick« – von dort entweder direkt weiter über die Alpe Weiher [P] hinunter nach Burgberg – oder am »Alpenblick« links durch die Starzlachklamm über Winkel nach Burgberg ($^1/_2$ Stunde länger).
*Bitte beachten:* Markierte Wege nicht verlassen!

## [b] Burgberger Hörnle (1496 m)

Schwer
Gehzeit: $3^1/_2$ Stunden

***Ausgangspunkt:*** Burgberg Ⓗ [P]
***Wegverlauf:*** Am Normalweg von Burgberg zum Grünten (siehe [a]) zweigt im Wustbachtobel, 150 m unterhalb des Grünten-Hauses, der Pfad nach links zum Burgberger Hörnle (Kreuzelspitz) ab.
*Bitte beachten:* Die Begehung erfordert Trittsicherheit und Schwindelfreiheit; die Kletterei zum Hörnle ist schwierig und äußerst gefährlich!

## [c] Grünten-Nordseite von Rettenberg

Leicht
Aufstieg: $2^1/_2$ Stunden, ab Kammeregg-Alpe $1^1/_2$ Stunden
Abstieg $1^1/_2$–2 Stunden

***Ausgangspunkt:*** Rettenberg Ⓗ [P]
***Wegverlauf:*** Vom [P] am Ostrand von Rettenberg, vor der Zötler-Brauerei rechts, auf bezeichnetem Weg hinauf zur Kammeregg-Alpe (1130 m) – (Autozufahrt zur Kammeregg-Alpe: 2 km nordostwärts von Rettenberg bzw. 1 km südwestlich von Kranzegg führt eine öffentliche Straße südwestlich hinauf zum [P] der Kammeregg-Alpe) – von der Alpe links (ostwärts) zum Kammeregg-Lift – an der Lifttrasse über die Obere Kammeregg-Alpe □ bergwärts zur Grünten-Hütte (1477 m) – südwestlich hinauf zum Grüntengipfel (Übelhorn) – oder von der Kammeregg-Alpe kürzer, aber steiler direkt hinauf zum Nordostgrat des Grünten. – Abstieg wie Aufstieg.

### [d] Grünten-Nordseite von Kranzegg

Leicht
Gehzeit: 2 1/2 Stunden

*Ausgangspunkt:* Kranzegg (H) [P]
*Wegverlauf:* Von Kranzegg auf der Mautstraße südlich hinauf zum Berghaus Jörg-Alpe (1175 m) ☗ [P] – bezeichneter Weg an der Lifttrasse zur Grünten-Hütte (1477 m) ⌂ – auf dem Nordostrücken des Grünten hinauf zum Gipfel (Übelhorn).
Abstieg wie Aufstieg.

## 2 Hinanger Wasserfälle (1000 m)

Leicht
Gehzeit: 3–3 1/2 Stunden

*Ausgangspunkt:* Sonthofen, Ortsteil Altstädten **(Bf)** (H) [P]
*Wegverlauf:* Von Altstädten, an der Tennisanlage links zum Burgwald – auf bezeichnetem Weg im Burgwald zum »Malerwinkel« – ostwärts nach Hinang – an der Kapelle zu den Hinanger Wasserfällen – weiter bergauf über die Sonnenklause ☗ [P] zum Altstädter Hof (1280 m) ⌂.
Abstieg westlich zunächst auf der Straße, dann auf bezeichnetem Weg am Leybach entlang hinunter nach Altstädten.

## 3 Die Sonnenköpfe (1712 m)

Leicht
Aufstieg: 3 Stunden
Abstieg: 2–2 1/2 Stunden

*Ausgangspunkt:* Sonthofen, Ortsteil Altstädten **(Bf)** (H) [P]
*Wegverlauf:* Von der Ortsmitte ostwärts zum Schwimmbad – am Leybach entlang aufwärts zum Huberts-Wasserfall, danach rechts haltend zur Altstädter-Hof-Straße – 100 m auf der Straße – beim Wegweiser rechts durch den Leybachtobel zur Sonnenklause ☗ – danach links über die Wiese zum Waldrand – spärlich rot markiert im Wald zunächst Richtung Schöllang – bei der Schöllanger Abzweigung geradeaus stets südlich aufwärts zur Entschen-Alpe □ – vor der Hütte links im Wald hinauf zum Sonnenkopf (1712 m) – auf dem Höhenrücken über den Heidelbeerkopf (1767 m) zum Schnippenkopf (1833 m).
Abstieg südlich zum Falkenjoch – am Joch rechts (südwestlich) über die Rubi-Alpe □ hinunter zur Gais-Alpe (1149 m) ☗ – nach Belieben Tobelweg oder Fahrweg hinunter nach Reichenbach ☗ (H) – Bus oder Fußweg über Schöllang zum Ausgangspunkt.

## 4 Entschenkopf (2043 m)

Mittelschwer bis schwer
Gehzeit: 5 Stunden

*Ausgangspunkt:* Oberstdorf, Ortsteil Reichenbach Ⓗ 🅿
*Wegverlauf:* Von Reichenbach südostwärts auf dem Tobelweg hinauf zur Gais-Alpe ☗ – nach der Alpe links (nordostwärts) über die Rubi-Alpe □ zum Falkenjoch (1709 m) – am Joch rechts, nicht markiert, auf dem Nordwestgrat zum Gipfelkreuz (2043 m).
Abstieg südlich auf dem langgezogenen Bergrücken bis zum Ende des Kammes – oberhalb steiler Felsabstürze nach rechts steil auf Gras und Split hinunter in den Sattel zwischen Nebelhorn und Entschenkopf zum »Gängele« – bei der Abzweigung hoch überm Oberen Gaißalpsee rechts hinunter zu den beiden Gaißalpseen – talwärts zur Gais-Alpe ☗ – Tobelweg zum Ausgangspunkt.
*Bitte beachten:* Bei Nässe nicht ratsam!

## 5 Rubihorn (1957 m)

### [a] Aufstieg über die Südseite

Leichte bis mittelschwere Bergtour
Aufsstieg: ab See-Alpe 2–2 $^1/_2$ Stunden
Abstieg: 3 Stunden

*Ausgangspunkt:* Oberstdorf **(Bf)** Ⓗ 🅿
*Wegverlauf:* Von Oberstdorf mit der Nebelhornbahn zur Mittelstation See-Alpe (1274 m) ☗ – von der See-Alpe nördlich über die Wiese zum Waldrand – dort auf dem von Oberstdorf kommenden, rot markierten Weg rechts auf den Roßbichl (1466 m) und in zahlreichen Serpentinen hinauf zum Grat zwischen Gaißalphorn und Rubihorn – auf dem Gratweg übers Niedereck um das Rubihorn herum und auf der Nordwestflanke zum Gipfel (Weg nicht verlassen!).
Abstieg zurück zum Niedereck – links (ostwärts) über steiles Geröllfeld hinunter zum Gaisalpsee – talwärts zur Gais-Alpe ☗ – an der Gaisalpkapelle links auf dem bezeichneten Wallrafweg nach Oberstdorf.

### [b] Aufstieg über die Nordseite

Leicht bis mittelschwer
Aufstieg: 3 Stunden
Abstieg: 2 $^1/_2$–3 Stunden

*Ausgangspunkt:* Oberstdorf, Ortsteil Reichenbach Ⓗ 🅿
*Wegverlauf:* Von Reichenbach ostwärts, nach Belieben Tobelweg oder Fahrweg hinauf zur Gais-Alpe (1149 m) ☗ – auf bezeichnetem Weg weiter zum Gaisalpsee (1509 m) – nach dem See rechts über den Latschenhang zum Einschnitt zwischen Gaisalphorn und Rubihorn – im Geröllfeld in Serpentinen steil hinauf zum Niedereck, dem Grat zum Rubihorn – rechts um den Gipfelaufbau des Rubihorns herum und auf dem Nordwestrücken zum Gipfelkreuz (Weg nicht verlassen!).

Abstieg zurück zum Niedereck – von hier entweder Abstieg wie Aufstieg – oder geradeaus weiter über eine kleine Felsbarriere, dann nach rechts (südwestlich) in vielen Kehren über den Roßbichl hinunter zur See-Alpe ☗, Mittelstation der Nebelhornbahn – zu Fuß oder mit der Seilbahn nach Oberstdorf – mit dem Bus oder zu Fuß von der Dummelesbrücke über Rubi nach Reichenbach.

## 6 Übergang vom Illertal ins Retterschwangtal (1850 m)

Leicht
Gehzeit: 5–5 1/2 Stunden

*Ausgangspunkt:* Oberstdorf, Ortsteil Reichenbach Ⓗ 🅿
*Wegverlauf:* Von Reichenbach auf dem Tobelweg ostwärts hinauf zur Gais-Alpe (1149 m) ☗ – auf markiertem Weg weiter bergwärts über den Gaisalpsee (1509 m) – links zum Oberen Gaisalpsee (1769 m) – 100 Hm oberhalb des zweiten Sees links (nördlich) hinauf in den Sattel zwischen Nebelhorn und Entschenkopf – am »Gängele« rechts (ostwärts), am Fuße des Nebelhorns hinunter in den Talschluß im »Wank« des Retterschwangtals – ab der Wank-Hütte □ auf der Straße übers Mitterhaus (1081 m) ⌂ zum Horn-Café ☗ – rechts hinunter nach Bruck ☗ Ⓗ – mit Bus über Hindelang und Sonthofen zurück nach Oberstdorf.

# 6 Das Ostrachtal

»Glückliches Ostrachtal« wurde es vom Hindelanger Heimatdichter Erich Günther genannt. Vermutlich deshalb, weil wohl selten in einem kleinen Gebirgstal eine derartige Harmonie zwischen Landschaft, Kultur, Kunst, ländlichem Charakter und den als besonders bodenständig bekannten Talbewohnern augenscheinlich wird. – Man erreicht das Ostrachtal sowohl von Sonthofen als auch von Wertach und vom Tannheimer Tal nur auf der Straße, denn einen Bahnhof gibt es im Tal nicht. Der Markt Hindelang ist nach Oberstdorf die zweitgrößte Gemeinde des Landkreises Oberallgäu, die sich vom Hochvogel bis zum Zinken (Sorgschrofen) im Wertachtal, von der Paßhöhe Oberjoch an der deutschen Bundesgrenze bis zur Siedlung Liebenstein ausdehnt. Hindelang ist Hauptort und Sitz der gemeindlichen Verwaltung, zu der die Orte Bad Oberdorf, Vorderhindelang, Hinterstein, Bruck, Oberjoch, Unterjoch, Gailenberg, Groß, Reckenberg, Riedle und Liebenstein gehören. – Genaugenommen besteht das Ostrachtal aus zwei Tälern, dem sog. »Äußeren Tal«, dessen südlicher Eckpfeiler das steil aufgerichtete Imberger Horn ist, und dem romantischen, engeren Hintersteiner Tal, das im nachstehenden Teilgebiet 7 beschrieben wird. Ganz hinten im Hintersteiner Tal treffen sich beim Giebel-Haus Ober- und Bärgündeletal, die Bäche Obertal- und Bärgündelebach vereinen sich zur Ostrach, die bei Sonthofen in die Iller mündet und dem Tal den Namen gab. – Hindelang wurde im Jahre 1269 erstmals erwähnt. Pfarrkirche und Faktorei waren Mittelpunkt des Ortes, 1660 wurde das Schloß erbaut, das heute als Rathaus dient. Zu Beginn des 16. Jh. begann die große Zeit des Ostrachtals. Die Regierungsgewalt kam an das Hochstift Augsburg, die Bischöfe ließen Kirchen und Kapellen erbauen und mit wertvollen Kunstwerken ausstatten. Jörg Lederer schuf den Altar für die Hindelanger Pfarrkirche, Hans Holbein d. Ä. im Jahre 1493 das Madonnengemälde, das sich im Seitenaltar der neuen Kirche in Bad Oberdorf befindet. – Neben den Augsburger Bischöfen besaßen die Herren von Montfort als Reichsgrafen die Regalien (Bergbau-, Jagd- und Straßenrecht) für das Ostrachtal. Sie wetteiferten mit dem Hochstift und führten das Gebiet zur wirtschaftlichen Blüte. Insbesondere widmeten sie sich dem Recht auf Straßen- und Bergbau. Sie erschlossen die Erzgruben im Hintersteiner Tal und bauten die Jochstraße vom Saumweg zur wichtigsten Salzhandelsstraße zwischen Tirol und Rhein aus. Kaum eine andere Handelsstraße erfüllte in der damaligen Zeit eine derart umfassende völkerverbindende Aufgabe wie die Jochstraße. Erst im 19. Jh. war es durch die Veränderung der politischen Verhältnisse mit dem Salzhandel vorbei. – 1895 begann man mit dem Bau einer neuen Straße, mit auch für starken Verkehr ausreichender Breite und einem nur geringen Gefälle. 1900 fertiggestellt, trug diese Straße wesentlich zur Erschließung des Ostrachtals als Fremdenverkehrsgebiet bei. Heute ist das Ostrachtal sommers wie winters touristisch voll erschlossen. Besonders die Wanderfreunde werden von den zum Teil mühelos ersteigbaren, lohnenden Bergen angezogen. Zu diesen gehören als Ausläufer der nördlichen Talabgrenzung das Tiefenbacher Eck

(1517 m) und, als Wahrzeichnen des Tals bekannt, der Hirschberg (1456 m) mit benachbartem Spieser (1649 m). Ebenso einfach – und dank Sesselbahn besonders gemütlich – das Imberger Horn (1656 m) mit zahlreichen Varianten bis hin nach Oberstdorf. Unendliche Ruhe genießt der Wanderer im Retterschwangtal, entlang der Bsonderach, einem der schönsten Allgäuer Täler. In seiner Mitte liegt das behäbige Mitter-Haus, einst Stutenhof der Grafen von Fugger. Der Talabschluß mit der Fürstenwanne war beliebter Pirschanstand des Fürstbischofs von Augsburg. – Der Iseler (1876 m), ebenfalls durch einen Sessellift erschlossen, zeigt von jeder Seite ein anderes Gesicht. Hier beginnt der östlichste der Oberallgäuer Höhenwege, zunächst über den Bschießer und Ponten und anschließend der Jubiläumsweg zum Prinz-Luitpold-Haus.

## Sehenswertes am Weg

***Bad Oberdorf:*** Hammerschmiede, Kirche Unsere Liebe Frau mit Madonnengemälde von Hans Holbein d. Ä. und spätgotischem Schnitzaltar
***Hindelang:*** Rathaus (ehem. Jagdschloß der Augsburger Fürstbischöfe von 1660), Kleine Galerie, Pfarrkirche, Pest- bzw. Gottesackerkapelle, Ölbergkapelle

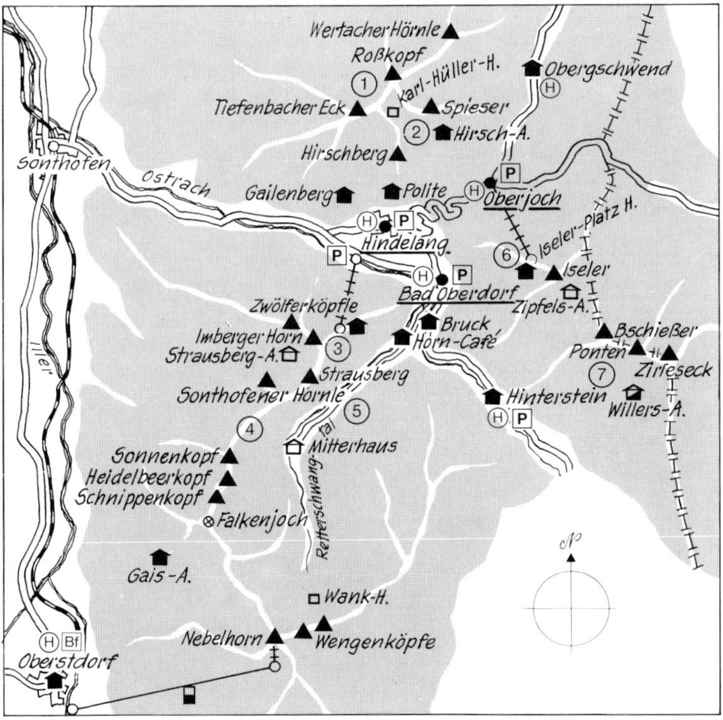

# 6 Das Ostrachtal



## 1 Tiefenbacher Eck (1517 m)

[a] Aufstieg von Hindelang
Leicht
Gehzeit: 4 Stunden

*Ausgangspunkt:* Hindelang Ⓗ [P], Kurhaus
*Wegverlauf:* Von der Ortsmitte nördlich, beschildert, nach Gailenberg ☗ – westlich durch den Schachentobel – links (nördlich) des Schachenbachs hinauf auf den bewaldeten Bergrücken – auf dem Kamm rechts (ostwärts) zum Tiefenbacher Eck.
Rückweg weiter auf dem Kamm nach Osten bis zur Höhe 1569, dann abwärts zur Karl-Hüller-Hütte □ – rechts (südlich) über die Klank-Hütte □ – kurzer Anstieg zum Hirschberg (1456 m) – am Gipfelkreuz rechts (westlich) sehr steil übers Steinköpfle (1077 m) hinunter zur Ludwigshöhe – links (ostwärts) oberhalb von Hindelang eben hinunter über die Polite ☗ – dort rechts abwärts zum Ausgangspunkt.

### b Vom Tiefenbacher Eck zum Wertacher Hörnle (1685 m)

Leicht
Gehzeit: 6½–7 Stunden

*Ausgangspunkt:* Hindelang Ⓗ [P], Kurhaus
*Wegverlauf:* Vom Tiefenbacher Eck ¼ Stunde ostwärts – bei der nächsten Wegteilung links (nordostwärts) auf Pfadspuren, nicht markiert, ½ Stunde durchs Hühnermoos – am Fuße des Roßkopfs Einmündung in den Oberallgäuer Rundwanderweg und auf diesem leicht steigend auf das Wertacher Hörnle (1685 m).
Abstieg nach Osten, rechts vom Hörnle-See auf markiertem Pfad im Wald – über Weideflächen hinunter nach Obergschwend ☗ Ⓗ – Bus über Oberjoch nach Hindelang.

## 2 Hirschberg (1625 m) und Spieser (1649 m)

Leicht
Gehzeit: 4½ Stunden

*Ausgangspunkt:* Hindelang Ⓗ [P], Kurhaus
*Wegverlauf:* Von der Ortsmitte 10 Minuten zum Hirschbach – links bergwärts, im Hirschbachtobel teils steil hinauf bis zur Wegteilung – oberhalb der Kellerwand – links (westlich) über die Hirschwiesen zum Hirschberggipfel (1625 m) – Gipfelkreuz wenige Meter südlich – vom Gipfel nördlich leicht bergab zur Klank-Hütte □ und Karl-Hüller-Hütte □ – rechts im Bogen im »Häuselloch« hinüber zur Westflanke des Spieser – um diesen südlich herum – auf der Südseite markiert zum Gipfel.
Abstieg zum Gipfel hinunter wie Aufstieg – bei der Abzweigung links zur Hirsch-Alpe ☗ – Fahrweg südlich bis zur beschilderten Abzweigung »Ifenblick« – links Panoramaweg (Weg nicht verlassen!) nach Oberjoch Ⓗ – Bus zum Ausgangspunkt; zu Fuß 1 Stunde
*Bitte beachten:* Tobelweg nicht verlassen!

## 3 Imberger Horn (1656 m)

Leicht
Aufstieg: 1½ Stunden
Abstieg: 3–3½ Stunden

*Ausgangspunkt:* Hindelang Ⓗ, Talstation der Sesselbahn [P]
*Wegverlauf:* Bergfahrt mit der Sesselbahn – ab Bergstation 20 Minuten westlich zur beschilderten Abzweigung »Imberger Horn« – links in Serpentinen im Wald hinauf zum Gipfel (1656 m).
Abstieg auf dem Kamm südlich zum Strausberggipfel (1564 m) – abwärts zum Strausbergsattel – am steilen Grashang hinunter ins Retterschwangtal zum Mitter-Haus ⌂ – Fahrstraße talauswärts über Hornkapelle zum Horn-Café ☗ – bei der Wegteilung links übers Alpenrosenköpfle hinunter ins Ostrachtal – an der Ostrach flußabwärts zum Ausgangspunkt.

## 4 Panoramaweg Hindelang – Oberstdorf (1222 -1833 m-813 m)

Leicht, Ausdauer erforderlich
Gehzeit: 5–6 Stunden

*Ausgangspunkt:* Hindelang Ⓗ , Talstation der Sesselbahn 🅿
*Wegverlauf:* Mit der Sesselbahn zur Bergstation ☗ – auf bezeichnetem Weg westlich am Fuße des Imberger Horns zum Zwölferköpfle (1355 m) – südlich auf dem Oberallgäuer Rundwanderweg über die Strausberg-Alpe ⌂ zum Strausbergsattel – im Bogen nach Norden um das Sonthofener Hörnle herum – bei der beschilderten Abzweigung links (südlich) hinauf auf den Bergrücken und durchs Hühnermoos zu den drei Sonnenköpfen – (Sonnenkopf 1712 m, Heidelbeerkopf 1767 m, Schnippenkopf 1833 m).
Abstieg südlich zum Falkenjoch – rechts (südwestlich) über die Rubi-Alpe □ zur Gais-Alpe (1490 m) ☗ – an der Gaisalpkapelle links auf dem Wallrafweg nach Oberstdorf ☗ Ⓗ – mit Bus über Sonthofen nach Hindelang.

## 5 Retterschwangtal (1200 m)

Leicht
Gehzeit: 6–$6\frac{1}{2}$ Stunden

*Ausgangspunkt:* Hindelang/ Bad Oberdorf Ⓗ 🅿
*Wegverlauf:* Von Hindelang/ Bad Oberdorf südlich zu den Parkplätzen bei der Hammerschmiede an der Hintersteiner Straße – über den Steg rechts der Ostrach nach Bruck ☗ – rechts auf bezeichnetem Pfad hinauf zum Horn-Café ☗ – auf der autofreien Straße taleinwärts über Hornkapelle und Mitter-Haus ⌂ zur Wank-Hütte (1451 m) ⌂ im Talschluß unter den Nordwänden des Nebelhorns und der Wengenköpfe.
Rückweg auf der Straße zum Ausgangspunkt.

## 6 Iseler (1876 m)

Leicht
Aufstieg: 3 Stunden
Abstieg: $2\frac{1}{2}$–3 Stunden

*Ausgangspunkt:* Hindelang/ Bad Oberdorf Ⓗ 🅿
*Wegverlauf:* Von Hindelang/ Bad Oberdorf zum Prinz-Luitpold-Bad – am Meilenstein Paris-Berlin auf bezeichnetem »Palmweg« südostwärts bergauf zur Iseler-Platz-Hütte (1520 m) ☗ – über die Sesselbahn-Bergstation rechts hinauf zum Iselergrat – auf dem Grat links zum Gipfelkreuz (1876 m).
Abstieg 100 m zurück zur Wegteilung, dann links (südostwärts) am Hang entlang abwärts – bei der nächsten Wegteilung rechts zur sichtbaren Zipfels-Alpe ⌂ – an der Hütte rechts, am Zipfelsbach talwärts – im Wald sehr steil in Serpentinen hinunter – an den Wasserfällen rechts (nordwestlich) auf bezeichnetem »Bärenweg« oberhalb von Hinterstein bis zur Einmündung in den Vaterlandsweg – auf diesem nördlich zum Ausgangspunkt.

## 7 Iseler (1876 m) – Bschießer (2000 m) – Ponten (2044 m)

Leicht, Ausdauer erforderlich
Gehzeit: 5–5 1/2 Stunden

*Ausgangspunkt:* Oberjoch (H) [P]
*Wegverlauf:* Ab Oberjoch (1136 m) mit der Iseler-Sesselbahn zur Bergstation – am Latschenhang hinauf zum Iselergrat – links zum Gipfelkreuz – vom Gipfel zurück zur Wegteilung am Grat – südostwärts, schräg am Südhang hinunter zum Sattel überm Hintersteiner Tal und Tannheimer Tal – südlich auf dem breiten Nordwesthang hinauf zum Bschießer (2000 m) – auf dem Grat unschwierig weiter zum Ponten (2045 m) – (der Gipfel kann rechts umgangen werden) – am Sattel zwischen Ponten und Zirleseck rechts (südwestlich) hinunter zur Willers-Alpe – westlich talwärts nach Hinterstein [P] – mit Bus über Hindelang nach Oberjoch.

# 7 Das Hintersteiner Tal

An der Südwestecke des Bad Oberdorfer Talkessels, beim kleinen Weiler Bruck, wo die Ostrach vom inneren ins äußere Ostrachtal herausfließt, führt die Straße in eines der ursprünglichsten Allgäuer Täler: das Hintersteiner Tal. Die milderen voralpinen Formen des äußeren Ostrachtals bekommen beim Eintritt in das in sich geschlossene Hintersteiner Tal den Charakter eines felsumrahmten Hochgebirgstals. An der Brucker Talenge reichen die Ausläufer des Iseler bis nahe an die Ostrach heran. Dieses Felseneck, an dem sich die Richtung des Flußlaufs nach Norden ändert, hat wohl dem Dorf und dem Tal »hinter dem Stein« den Namen gegeben. – Zwischen dem östlichen Allgäuer Bergkamm vom Iseler über Ponten, Geißhorn, Rauhhorn-Gruppe bis hin zum Hochvogel und der westlichen Kette vom Breitenberg über die wildzerhackten Pfannenhölzer bis zum mächtigen Koloß des Daumen erstreckt sich im Tal das Bergdorf Hinterstein in einer Länge von 3 km nach Südosten. Die anmutige, dreigeteilte Siedlung besteht aus dem vorderen, dem mittleren und dem hinteren Dorf. Die Kirche aus dem Jahre 1805 im mittleren Dorf erscheint von außen als einfaches, schlichtes Bauwerk, doch bewahrt sie in ihrem Innern herrliche Kunstwerke der Hindelanger Brüder Franz und Konrad Eberhard. In der Kapelle im vorderen Dorf aus dem 18. Jh. steht ein sehenswertes Rokoko-Altärchen, und das hintere Dorf schließlich besitzt eine Barockkapelle von 1680. – Nach den letzten Häusern von Hinterstein beginnt das große Alpgebiet, das sich an der Auelesgasse an den steilen, bewaldeten Hängen des Taufersbergs (links) und der Aueleswände (rechts) noch einmal verengt. Danach wird der Blick frei auf das Auele (die kleine Au) und den großartigen Talhintergrund. Hoch über der Eisenbreche, in der sich die Ostrach in fast 90 m Tiefe durch die Klamm zwängt, führt das Sträßchen in das ehemalige Erzberggebiet, in dem schon im 15. Jh. Eisenerz gewonnen wurde. Eisenerz und Hammerschmieden waren über Jahrhunderte hinweg neben der Alpenwirtschaft Haupterwerbszweig der Talbewohner. Wenn im Herbst die 100tägige Älplerzeit zu Ende war, nahmen die meisten Männer über den Winter die Arbeit in den Hammer- und Nagelschmieden im Ostrachtal auf. Schon im 16. Jh. gehörten die von der Wasserkraft der Ostrach getriebenen Schmieden zu den Waffenschmieden des Kaiserreichs. Spieße und Hellebarden wurden gefertigt, später alle möglichen Gebrauchsgegenstände für Küche, Haus und Hof. Heute sind von diesen Deutschlands ältesten Hammer- und Nagelschmieden nur noch wenige in Betrieb; eine original eingerichtete kann im Ostrachtal besichtigt werden. – Wichtigster Erwerbszweig der Hintersteiner ist heute der Fremdenverkehr; zudem hat die Vorliebe einiger Talbewohner für das Volksschauspiel das Hintersteiner Bauerntheater weitum bekannt gemacht. – 2 km hinter der schmucken Hubertuskapelle steht das ganzjährig bewirtschaftete Giebel-Haus, ein willkommener Stützpunkt für Touristen. Hier, bei der nahen Brücke, entsteht die Ostrach aus dem Zusammenfluß des Bärgündele- und Obertalbachs. Wenn man die beiden sich verzweigenden Täler auf der Karte betrachtet, erkennt man die Form eines nach

Südwesten hin geöffneten Hufeisens. Dazwischen steht der Giebel mit seinen unheimlich steilen Grashängen, die sich über den kühnen Grat des Salober und über das Laufbacher Eck bis zum Schneck fortsetzen. Zu günstiger Stunde zeigt sich hier und da an den saftigen Steilflanken das Wild des Hintersteiner Tals: Gemsen und Hirsche und mitunter auch einmal ein Steinadler hoch oben über dem Giebel. – Das Obertal ist vor allem im Winter den Skitourenfahrern vom Nebelhorn bekannt. Riesige Alpgebiete ermöglichen sowohl feinstes Skivergnügen im Winter als auch ausgedehntes Wandern im Sommer und Herbst. Schwarzenberg-Hütte, Engeratsgundhof und Plättele-Alpe sind die Stützpunkte des Tals, umstanden von der markanten Giebel-Schneck-Gruppe, vom Grat Schochen-Zeiger und von den schrofendurchsetzten Südhängen der Daumen-Gruppe. – Die Attribute »romatisch« und »malerisch« werden dem Bärgündeletal zuteil. Knorrige, mit dicken Moospolstern bewachsene Ahornbäume, uralte Eiben und verwetterte, dickstämmige Tannen geben manchmal einen Blick frei auf die Wasserfälle an den Steilhängen der Sattelköpfe. Glasfelderkopf, Fuchskarspitze, Wiedemer Kopf, Großer Wilder und Schneck beherrschen das gewaltige Talrund. – Ein berühmter Bergsteiger und Erschließer der Hintersteiner Berge war Freiherr Hermann von Barth. Sein Buch »Aus den Nördlichen Kalkalpen« gilt als alpiner Klassiker. Darin beschreibt er neben vielen von ihm bezwungenen Gipfeln sein Nachtlager auf dem Hochvogel, dem König der Ostrachtaler Berge. Mit seinen kühnen Wänden, Karen und Schluchten, den beiden gleichhohen, tiefer liegenden Schultern gleicht der Felskoloß einem Riesenvogel und dominiert über alle anderen Zacken des östlichen Allgäuer Hauptkamms. – Diese aneinandergereihten Berggipfel miteinander zu verbinden, war die Idee Anton Spiehlers, der ebenso wie Barth zu den Wegbereitern des Bergtourismus im Allgäu zählt. So entstand 1899 aus Anlaß des 25jährigen Bestehens der DAV-Sektion Immenstadt der Jubiläumsweg. Dieser älteste Allgäuer Höhenweg ermöglicht seither unzähligen Wanderern die Begehung vom Iseler bis zum Biberkopf, ohne zwischendurch ins Tal absteigen zu müssen. Als Ausgangspunkt dazu wird meistens Hinterstein über die Willers-Alpe gewählt. – Zu den ersten Bergtouristen dieses Gebiets zählte im Jahre 1775 der damalige Landesherr des Ostrachtals, Kurfürst Clemens Wenzeslaus, Bischof von Augsburg. Besonders das Retterschwangtal gefiel ihm so gut, daß er bis in das einsame Gebiet am Wank vorstieß, seither Fürstenwanne genannt. Dominierende Gipfel dieses Tals sind der Daumenstock (2200 m) als mächtiger Seitenast des Allgäuer Hauptkamms, die formvollendete Pyramide Rotspitz (2033 m) und, über die Hochmulde des Häblesgund leicht zugänglich, der durch die Brüchigkeit seines Gesteins berüchtigte Breitenberg (1887 m). Mit der Rotspitz durch einen Gratweg verbunden, trägt dieser kürzeste Allgäuer Klettersteig aufgrund seiner luftigen Höhe und stellenweisen Ausgesetztheit den Namen Hohe Gänge. Seit der Fertigstellung vom Nebelhorn zum Großen Daumen bilden die Hohen Gänge den Abschluß des Hindelanger Klettersteigs.

## Sehenswertes am Weg

***Hinterstein:*** Kirche im mittleren, Kapellen im vorderen und hinteren Dorf
***Ostrachtal:*** Eisenbreche (85 m tiefe Schlucht der Ostrach)

# 7 Das Hintersteiner Tal

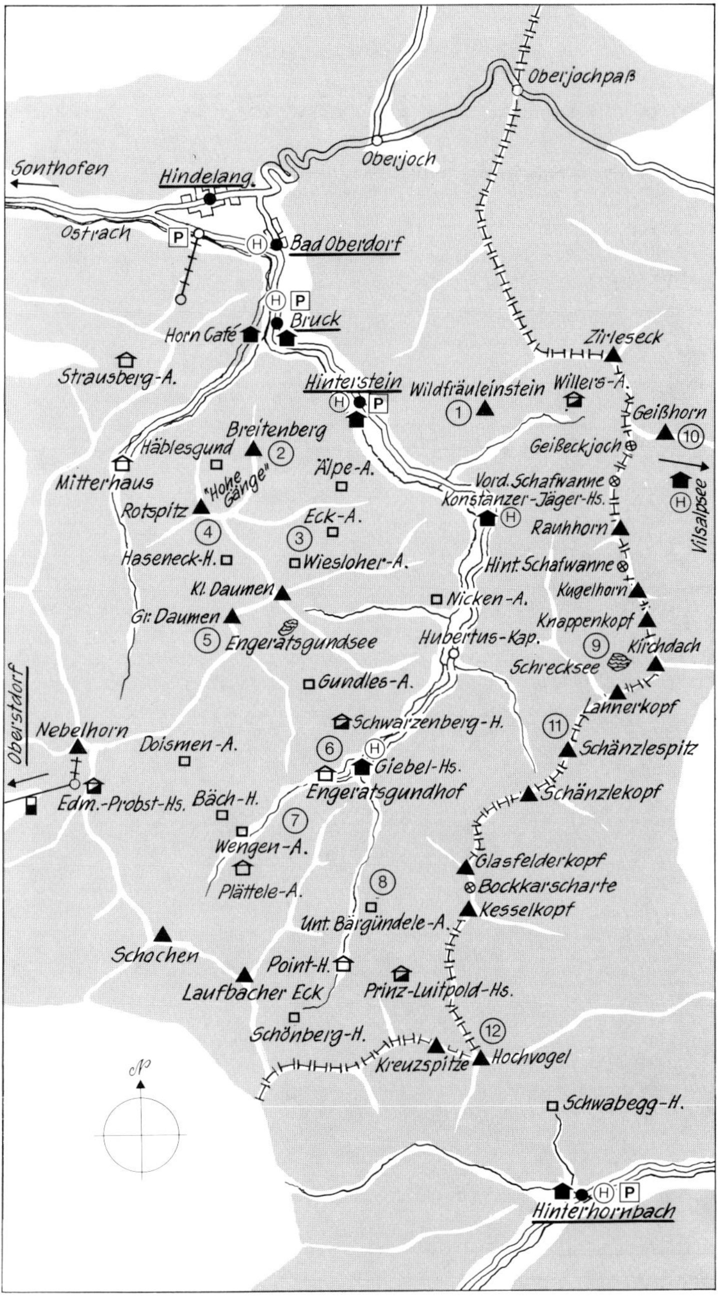
Oberjochpaß
Oberjoch
Sonthofen
Hindelang
Ostrach
Bad Oberdorf
Bruck
Horn Café
Strausberg-A.
Hinterstein
Wildfräuleinstein
Willers-A.
Zirleseck
Geißhorn
Geißeckjoch
Breitenberg
Häblesgund
Mitterhaus
"Hohe Gänge"
Älpe-A.
Vord. Schafwanne
Konstanzer-Jäger-Hs.
Vilsalpsee
Rotspitz
Eck-A.
Rauhhorn
Haseneck-H.
Wiesloher-A.
Hint. Schafwanne
Kl. Daumen
Nicken-A.
Kugelhorn
Gr. Daumen
Knappenkopf
Engeratsgundsee
Hubertus-Kap.
Kirchdach
Schrecksee
Oberstdorf
Gundles-A.
Lannerkopf
Schwarzenberg-H.
Nebelhorn
Doismen-A.
Schänzlespitz
Giebel-Hs.
Engeratsgundhof
Schänzlekopf
Edm.-Probst-Hs.
Bäch-H.
Wengen-A.
Glasfelderkopf
Bockkarscharte
Plättele-A.
Kesselkopf
Unt. Bärgündele-A.
Schochen
Point-H.
Laufbacher Eck
Prinz-Luitpold-Hs.
Schönberg-H.
Kreuzspitze
Hochvogel
Schwabegg-H.
Hinterhornbach

## 1 Über den Wildfräuleinstein (1150 m) – zur Willers-Alpe (1456 m)

Leicht
Gehzeit: $3^1/_2$–4 Stunden

*Ausgangspunkt:* Hinterstein Ⓗ [P]
*Wegverlauf:* Von der Kirche in Hinterstein, im vorderen Dorf, nördlich zu den Wasserfällen des Zipfelsbachs – rechts über den Bach auf bezeichnetem »Bärenweg« oberhalb von Hinterstein, am Fuße der Wadenwände zur Wegteilung am Köpfle über dem hinteren Dorf – links (ostwärts) leicht steigend zum sagenhaften Wildfräuleinstein – weiter bergwärts zum Willersbach – am Bach entlang auf dem von Hinterstein heraufkommenden Weg hinauf zur Willers-Alpe (1456 m) ⌂.
Abstieg wie Aufstieg.

## 2 Breitenberg (1893 m)

### [a] Aufstieg über Häblesgund

Leicht
Aufstieg: 3 Stunden
Abstieg: $2^1/_2$ Stunden

*Ausgangspunkt:* Bruck, zwischen Hindelang und Hinterstein Ⓗ [P]
*Wegverlauf:* Vom ehemaligen Elektrizitätswerk, 300 m südlich von Bruck (beschränkter [P]), über die Ostrach – rechts, auf bezeichnetem »Jägersteig« angenehm steigend zur Forststraße – 500 m nach rechts bis zum Wegweiser »Rotspitz« – dem Wegweiser folgend im Wald in Serpentinen hinauf in den Häblesgund (1569 m) – an der Hütte □ geradeaus bis zum Talschluß – links, am Westhang des Breitenbergs entlang, mäßig steigend hinauf zum Gipfel (1893 m).
Abstieg wie Aufstieg – oder ostwärts über die Älpe-Alpe-Hütten □ hinunter ins Hintersteiner Tal – links der Ostrach, talauswärts, über Hinterstein ⌂ nach Bruck ⌂.

### [b] Vom Breitenberg zum Klettersteig Hohe Gänge (1990 m)

Mittelschwer
Gehzeit: 1–$1^1/_2$ Stunden

*Ausgangspunkt:* Bruck, zwischen Hindelang und Hinterstein
*Wegverlauf:* Aufstieg wie bei [a] – auf dem grasbewachsenen Rücken des Breitenbergs südlich zu dem mit Drahtseil gesicherten, steilen Einstieg in den Klettersteig – der Grat wird schmäler und luftiger über den Steilabstürzen des Bergs bis zum Abstieg in die Scharte.
Der Abstieg in die Scharte vor dem Daumenmassiv ist nicht zu unterschätzen, er kann sich als sehr ungemütlich erweisen. Die Scharte markiert das Ende des Klettersteigs, doch wird bei Unbehagen vor dem Abstieg zur Umkehr und zum Normalabstieg vom Breitenberg geraten!

Abstieg vom Sattel südwestlich über die Haseneck-Hütten □ ins Retterschwangtal – talauswärts über das Mitter-Haus ⌂ und Horn-Café ☗ hinunter nach Bruck.

## 3 Wiesloher-Alpe (1644 m)

Leicht
Gehzeit: $3^{1}/_{2}$-4 Stunden

*Ausgangspunkt:* Hinterstein Ⓗ [P]
*Wegverlauf:* Im hinteren Dorf auf dem Steg über die Ostrach – flußabwärts zur Wegteilung am Eckbach, über den Bach – rechts (südwestlich) im Wald steil bergauf zur Eck-Alpe (1447 m) □ – am Fuße der Pfannenhölzer vollends hinauf zur Wiesloher-Alpe □.
Abstieg nordostwärts am Fuße des Gemskars im Bogen hinunter – zur Eck-Alpe □ – an der Hütte links (nördlich) zur Unteren Älpe-Alpe □ – rechts steil bergab zum Ausgangspunkt.

## 4 Rotspitz (2033 m)

Mittelschwer
Aufstieg: $3^{1}/_{2}$ Stunden
Abstieg: 3 Stunden

*Ausgangspunkt:* Hindelang/ Bad Oberdorf Ⓗ [P]
*Wegverlauf:* Vom [P] an der Hammerschmiede über die Ostrach – flußaufwärts nach Bruck ☗ Ⓗ – rechts auf bezeichnetem Waldpfad zum Horn-Café ☗ – auf der Straße taleinwärts ins Retterschwangtal – nach ca. 20 Minuten Wegweiser »Rotspitz« – links über den Häblesgundsteg – im Wald in Serpentinen hinauf ins Hochtal Häblesgund – an der Hütte □ rechts durch Latschen, dann im Geröll zum Rotspitz-Nordgrat – links hinauf zum Gipfelkreuz.
Abstieg am Grashang südostwärts – nach $^{1}/_{4}$ Stunde rechts hinunter zu den Haseneck-Hütten □ – im Wald in steilen Serpentinen ins Retterschwangtal – talauswärts über das Mitter-Haus ⌂ – an der Bsonderach entlang über die Hornkapelle und das Horn-Café ☗ hinunter zum Ausgangspunkt.

## 5 Großer Daumen (2280 m)

[a] Übers Retterschwangtal
Mittelschwer, für Konditionsstarke
Gehzeit: 8–9 Stunden

*Ausgangspunkt:* Hindelang
*Wegverlauf:* Entweder mit der Hindelanger Sesselbahn zur Bergstation – rechts auf dem Oberallgäuer Rundwanderweg über die Strausberg-Alpe ⌂ und den Strausbergsattel hinunter zum Mitter-Haus ⌂ oder vom [P] »Nordpol« über die Ostrach ins Retterschwangtal zum Mitter-Haus – von diesem 10 Minuten taleinwärts – beim Wegweiser links steil im Wald hinauf zu den Haseneck-Hütten □ – geradeaus zum Felsmassiv – im Fels auf drahtseilgesichertem

Steig hinauf zur Scharte zwischen Kleinem und Großen Daumen – auf dem Grat rechts zum Gipfelkreuz.
Abstieg wie Aufstieg – oder von der Scharte auf der Südseite hinunter über den Engeratsgundsee zum Engeratsgundhof ⌂ und Giebel-Haus (1060 m) ⌂ (H) – mit Bus nach Hinterstein.

### [b] Aufstieg vom Giebel-Haus

Mittelschwer
Gehzeit: 6–7 Stunden

*Ausgangspunkt:* Hinterstein (H) [P]
*Wegverlauf:* Von Hinterstein mit Bus zum Giebel-Haus (1060 m) (H) ⌂ – (auch mit dem Fahrrad möglich, Fahrradverleih in Hinterstein) – vom Giebel-Haus rechts auf dem Obertal-Weg zum Engeratsgundhof ⌂ – rechts (nördlich) über Käser-Alpe □, Gundles-Alpe □ hinauf zum Engeratsgundsee – über Schrofen (Vorsicht!) steil zur Scharte zwischen Kleinem und Großem Daumen – auf dem Grat links zum Gipfelkreuz.
Abstieg über die Scharte Richtung Engeratsgundsee – bei der Wegteilung oberhalb des Sees links zum »Türle« – talwärts über die Nicken-Alphütten □ und Mösle-Alpe □ ins Ostrachtal – talauswärts nach Hinterstein.

## 6 Ins Paradies (1400 m)

Leicht
Gehzeit: 2–3 Stunden

*Ausgangspunkt:* Hinterstein (H) [P]
*Wegverlauf:* Von Hinterstein mit Bus oder Fahrrad (siehe 5 [b]) Richtung Giebel-Haus bis zur Hubertuskapelle – 100 m südlich – nach der Ostrachbrücke, rechts auf markiertem Pfad im Wald hinauf zur Schwarzenberg-Hütte (1400 m) ⌂ ins »Paradies« – von der Hütte westlich über den Gündlesbach zur Käser-Alpe □ – am Laufbichelhang westlich zur Langenfeld Hütte □ – links, talauswärts, über die Laufbichel-Alpe □ und den Engeratsgundhof ⌂ zum Giebel-Haus ⌂ (H) – mit Bus nach Hinterstein bzw. zu Fuß 20 Minuten zum Fahrrad bei der Hubertuskapelle.

## 7 Im Obertal (1929 m)

Leicht
Gehzeit: 4 1/2–5 Stunden

*Ausgangspunkt:* Hinterstein (H) [P]
*Wegverlauf:* Von Hinterstein mit Bus oder Fahrrad (siehe 5 [b]) zum Giebel-Haus (1060 m) (H) ⌂ – rechts (südwestlich) auf autofreier Asphaltstraße bergauf über den Engeratsgundhof (1156 m) ⌂ und eben hinein ins Obertal – an der Wengen-Alpe □ rechts (westlich) über die Bäch-Hütte □ – rechts hinauf zur Doismen-Alpe □ – in gleichbleibender Höhe westlich zur Oberen Wengen-Alpe (verfallen) – über den Zeigersattel zum Edmund-Probst-Haus (1929 m) ⌂ an der Nebelhorn-Bergstation.

Rückweg über Zeigersattel – Obere Wengen-Alpe – Bäch-Hütte – Wengen-Alpe – im Obertal über Engeratsgundhof ⌂ hinunter zum Giebel-Haus ⌂ Ⓗ – mit Bus nach Hinterstein.

## 8 Im Bärgündele (1200 m)

Leicht
Gehzeit: 4 1/2–5 Stunden

*Ausgangspunkt:* Hinterstein Ⓗ [P]
*Wegverlauf:* Von Hinterstein mit Bus oder Fahrrad (siehe 5 [b]) zum Giebel-Haus Ⓗ ⌂ – beim Zusammenfluß von Obertalbach und Bärgündelebach über die Brücke – leicht ansteigend im Bärgündeletal bis zur Ladestelle der Materialseilbahn – an der Hütte links über den Bach und auf dem markierten Pfad über die Untere Bärgündele-Alpe □ mäßig steigend zum Prinz-Luitpold-Haus (1846 m) ⌂.
Rückweg südwestlich um den Wiedemerkopf herum – am Westhang hinunter zur Schönberg-Hütte □ – talauswärts über die Point-Hütte ⌂ zum Giebel-Haus ⌂ – Bus nach Hinterstein.

## 9 Zum Schrecksee (1802 m)

Leicht bis mittelschwer, Kondition erforderlich
Gehzeit: 5–6 Stunden

*Ausgangspunkt:* Hinterstein Ⓗ [P]
*Wegverlauf:* Vom [P] am Ortsende auf dem Wiesenweg südostwärts zum Konstanzer-Jäger-Haus ⌂ Ⓗ – nach 10 Minuten beim Elektrizitätswerk links auf bezeichnetem Weg, unter den Stützen der Materialseilbahn, südostwärts hinauf zum Schrecksee (1802 m).
Abstieg wie Aufstieg – doch lohnender ostwärts hinauf zum Jubiläumsweg – nördlich an der Westflanke von Knappenkopf und Kugelhorn zur Hinteren Schafwanne – an der Ostflanke des Rauhhorns zum Geißeckjoch (2055 m) – (Überschreitung des Kugelhorns und Rauhhorns erfordert Trittsicherheit und Schwindelfreiheit!) – am Geißeckjoch links hinunter über die Willers-Alpe (1456 m) ⌂ nach Hinterstein.

## 10 Geißhorn (2249 m)

Mittelschwer
Aufstieg: 4 Stunden

*Ausgangspunkt:* Hinterstein Ⓗ [P]
*Wegverlauf:* Vom [P] am Ortsende auf bezeichnetem Weg südostwärts hinauf zur Willers-Alpe (1456 m) ⌂ – auf dem Jubiläumsweg steil durch die Vordere Schafwanne zum Geißeckjoch (2055 m) – am Joch links (nördlich) Richtung Geißeck – vor dem Geißeck am grasigen Osthang schräg zum schrofigen Grat – auf diesem unschwierig zum Geißhorngipfel (2249 m).
Abstiege

[a] Wie Aufstieg; $3^1/_2$Stunden.
[b] Über das Geißeck nördlich zum Zirleseck – links über Willers-Alpe ⌂ nach Hinterstein; $3^1/_2$–4 Stunden, nicht leicht (I).
[c] Vom Geißeck ostwärts steil hinunter zum Vilsalpsee ⌂ (H); $1^1/_2$ Stunden – mit Bus über Tannheim – Hindelang nach Hinterstein.
*Bitte beachten:* Wege nicht verlassen!

## 11 Der Jubliäumsweg (2100 m)

Mittelschwer, Ausdauer erforderlich
Gehzeit Hinterstein-Willers-Alpe: $1^1/_2$ Stunden
Gehzeit Willers-Alpe – Prinz-Luitpold-Haus: 7 Stunden

*Ausgangspunkt:* Hinterstein (H) [P]
*Wegverlauf:* Vom [P] am Ortsende auf bezeichnetem Weg südostwärts hinauf zur Willers-Alpe ⌂ – hier Beginn des Jubiläumswegs – südostwärts durch die Vordere Schafwanne hinauf zum Geißeckjoch (2055 m) – südlich an der Ostflanke des Rauhhorns zur Hinteren Schafwanne – an der Westflanke vom Kugelhorn und Knappenkopf oberhalb des Schrecksees zum Kirchdachsattel – (Überschreitung vom Rauhhorn und Kugelhorn nur für Geübte) – oberhalb des Schrecksees zur Lahnerscharte – an der Ostseite vom Lahnerkopf, Schänzlespitz, Schänzlekopf zum Osthang der Lärchwand – hoch über der Licht-Alpe in den »Kessel«, das Geröllfeld zwischen Kesselkopf und Glasfelderkopf – bei der Wegteilung rechts (südwestlich) in Kehren hinauf zur Bockkarscharte (2164 m) – von der Scharte südwestlich hinunter zum Prinz-Luitpold-Haus (1846 ) ⌂.
Abstieg zum Giebel-Haus ⌂ (H) $1^1/_2$–2 Stunden – Bus nach Hinterstein.
Übergang über das Laufbacher Eck zum Nebelhorn 4 Stunden.

## 12 Hochvogel (2592 m)

### [a] Normalanstieg vom Giebel-Haus

Mittelschwer ($1^1/_2$ Tage)
Aufstieg Giebel-Haus – Prinz-Luitpold-Haus: 2–$2^1/_2$ Stunden
Aufstieg Prinz-Luitpold-Haus – Hochvogel: $2^1/_2$–3 Stunden
Abstieg: 4–$4^1/_2$ Stunden

*Ausgangspunkt:* Hinterstein (H) [P]
*Wegverlauf:* Von Hinterstein mit dem Bus oder Fahrrad (siehe 5 [b]) zum Giebel-Haus ⌂ (H) – über die Ostrach und südlich ins Bärgündeletal bis zur Materialseilbahn (Rucksacktransport) – auf bezeichnetem Pfad links über den Bärgündelebach zur Unteren Bärgündele-Alpe □ – mäßig steigend hinauf zum Prinz-Luitpold-Haus (1846 m) ⌂ südlich durchs »Täle« – links haltend in Kehren hinauf zur Balkenscharte (2164 m) – (für Geübte kürzerer Weg über die Kreuzspitze) – von der Balkenscharte rechts (südlich) übers Sättele und über Geröll zum steilen Schneefeld im »Kalten Winkel« (bei Vereisung Steigeisen und Pickel erforderlich, sonst Grödel vorteilhaft!) – vorsichtig hinauf zur Scharte unter der Kreuzspitze – auf der »Schnur«, der felsüberdachten Passage, von der

Ost- zur Westschulter – auf gut markierten Trittspuren am geröllbedeckten Westhang unschwierig hinauf zum Gipfel.
Abstieg wie Aufstieg.

### [b] Vom Edmund-Probst-Haus zum Hochvogel (2592 m)

Mittelschwer (1 1/2 Tage)
Gehzeit Nebelhorn – Prinz-Luitpold-Haus: 4 Stunden
Gehzeit Prinz-Luitpold-Haus – Hochvogel-Giebel-Haus: 6–7 Stunden

*Ausgangspunkt:* Oberstdorf **(Bf)** (H) [P]
***Wegverlauf:*** Mit der Nebelhornbahn zur Bergstation – ab Edmund-Probst-Haus auf dem bezeichneten »Laufbacher-Eck-Weg« südlich zum Zeigersattel – an den Grashängen um den Schochen ostwärts zum Laufbacher Eck (2160 m) – 300 Höhenmeter hinunter ins Stierbachtal zur Schönberg-Hütte □ – Gegenanstieg nordostwärts schräg an den Hängen des Wiedemerkopfs hinauf zum Prinz-Luitpold-Haus (1846 m).
Aufstieg zum Hochvogel wie [a].
Abstieg über Prinz-Luitpold-Haus – Giebel-Haus – Bus über Hinterstein – Hindelang – Sonthofen nach Oberstdorf.
*Bitte beachten:* Beim Abstieg vom Laufbacher Eck bei Schnee oder Vereisung Steigeisen und Pickel erforderlich; Sicherungsseil vorteilhaft.

### [c] Bäumenheimer Weg (2592 m)

Mittelschwer bis schwer, Klettersteig, nur für Geübte
Aufstieg: 4 1/2–5 Stunden
Abstieg: 4–5 Stunden

*Ausgangspunkt:* Hinterhornbach im Lechtal (H) [P]
***Wegverlauf:*** Von der Ortsmitte beim Gasthaus Adler nördlich über Weideflächen bergwärts – im Wald steil hinauf über die Schwabegg-Hütte (1699 m) □ – zum Fuß des Südostrückens des Hochvogel (Punkt 1977 m) – Beginn des zum Teil drahtseilgesicherten Bäumenheimer Weges – links, rot markiert, durchs Roßkar – am Beginn der Steilwände rechts hinein in die meist schneebedeckte Geröllschlucht – stets rechts haltend über mächtige Felsrippen, Felsbänder und Rinnen mit lehmigen Abschnitten hinauf zur Grathöhe – am Gipfelfelsen links durch die geröllerfüllte Einbuchtung am Ostgrat empor zum Gipfel (2592 m).
Abstieg am Westhang – über die »Schnur« zur Scharte unter der Kreuzspitze – auf dem steilen Schneefeld im »Kalten Winkel« hinunter (bei Vereisung Steigeisen und Pickel erforderlich!) – am Fuße des Schneefelds rechts durchs Fuchskar zum Fuchsensattel – südlich durchs Kuhkar hinab nach Hinterhornbach.

# 8/9 Oberstdorfer Täler und Berge

»In unsrer Berge Gipfelwand, in grauer Nacht versteckt, da ist der Wilden Aufenthalt, bis sie der Berggeist weckt. Bei seines Hornes erstem Schrei enteilen wir dem Felsgestein zum frohen Rundgesang.« So beginnt der Begleitgesang der vermummten Gestalten, die alle fünf Jahre mit dem Wilde-Mändle-Tanz eine in der Pestzeit erneuerte Tradition wiederholen (nächster Auftritt 1995). – Genauso eigenartig wie sich die Oberstdorfer Beziehung im Wilde-Mändle-Tanz zum Erwachen des Lebens aus der Winterstarre ausdrückt, so zeigt sich der landschaftliche Charakter in der merkwürdig strahlenförmigen Anordnung der Oberstdorfer Täler: einmalig und bezaubernd im Bereich der Allgäuer Alpen. Beim Illerursprung nördlich von Oberstdorf, dort wo die drei Quellflüsse der Iller, Trettach, Stillach und Breitach, zusammenfließen, öffnet sich nach Süden hin der etwa 2 km breite und $5^1/_2$ km lange, brettebene Oberstdorfer Talkessel. Ihn schmückte nach der Eiszeit ein aus den Schmelzwassern des Trettach- und Stillachgletschers gestauter See bis hinaus in die Talenge zwischen Langenwang und Reichenbach. Als es nach Jahrtausenden der Iller gelungen war, die Felsbarriere bei Langenwand zu durchnagen, füllten Trettach und Stillach mit ihrem mitgebrachten Kies den Kessel und gestalteten so den Seeboden bemerkenswert eben. Die Moorbäder in Oberstdorf und Reichenbach sind Überreste des ehemaligen Sees. – Als mächtiger Wächter vor dem Talkessel steht links (östlich) das Rubihorn (1952 m). Die Orientierung ist einfach: Vom Rubihorn nach rechts teilen nacheinander der Schattenberg (1798 m), der Riffenkopf (1748 m), der Kegelkopf (1959 m) und der Fürschießer (2271 m) die vom Faltenbach, Oytal, Gerstrubental/Dietersbachtal und Traufbachtal die von Osten her hereinfließenden Trettachzuflüsse. Im Süden stellt sich der klotzige, bewaldete Himmelsschrofen (1759 m) zwischen die Spielmannsau (Trettachtal) und die Birgsau (Stillach- und Birgsautal). Im hinteren Teil des Stillachtals zweigen das Warmatsgundtal und das sich bis weit nach Südwesten hineinziehende Rappenalpental ab. – Im großen Halbkreis um den Oberstdorfer Talkessel stehen an den Talmündungen und in den berühmten Tälern in zwei bis drei Reihen hintereinander die prächtigsten Berggestalten der Allgäuer Alpen. Das sind von links hinter dem Rubihorn das Nebelhorn (2224 m), im Oytal der Schochen (2100 m), der Lachenkopf (2111 m), das Laufbacher Eck (2178 m), der wuchtige Felszahn Schneck (2259 m), das Himmelhorn (2111 m) und die Wildengruppe (2379 m). Zwischen dem Oytal und Gerstrubental erhebt sich die berühmt-berüchtigte Höfats (2258 m). Im Hintergrund von Gerstrubental, Dietersbachtal und Traufbachtal steht der Grenzkamm mit den Höllhörnern (2145 m), dem Rauheck (2384 m) und dem Kreuzeck (2376 m). Über dem Sperrbachtobel zeichnen sich die scharfen Linien des Fürschießer (2271 m) ab, dahinter schauen die Krottenspitzen (2328 m) hervor, und genau im Süden steht unverkennbar der Kratzer (2428 m). Über allen Gipfeln dominiert das

Oberstdorfer Dreigestirn mit Trettachspitze (2595 m), Mädelegabel (2645 m) und Hochfrottspitze (2649 m) mit dem nach Südwesten bis zum Biberkopf (2599 m) verlaufenden Allgäuer Hauptkamm. Im Südwesten grenzt über der Freiberghöhe der lange Schlappolt- (1968 m) Fellhornrücken (2038 m) den Oberstdorfer Kessel zum Kleinwalsertal ab, in dem die Breitach in Europas einzigartiger Felsenklamm zum Zusammenfluß mit der Iller strömt. Nach Westen hin schließt die Schrattenkalk-Felsbastion des Besler (1679 m) den Bergkranz um Oberstdorf ab.

## Sehenswertes am Weg

***Oberstdorf:*** Heimatmuseum, Loretto-Kapellen, Pfarrkirche, Skiflugschanze (Heini-Klopfer-Schanze), Breitachklamm
***Rohrmoos:*** Älteste Holzkirche Deutschlands (16. Jh.)

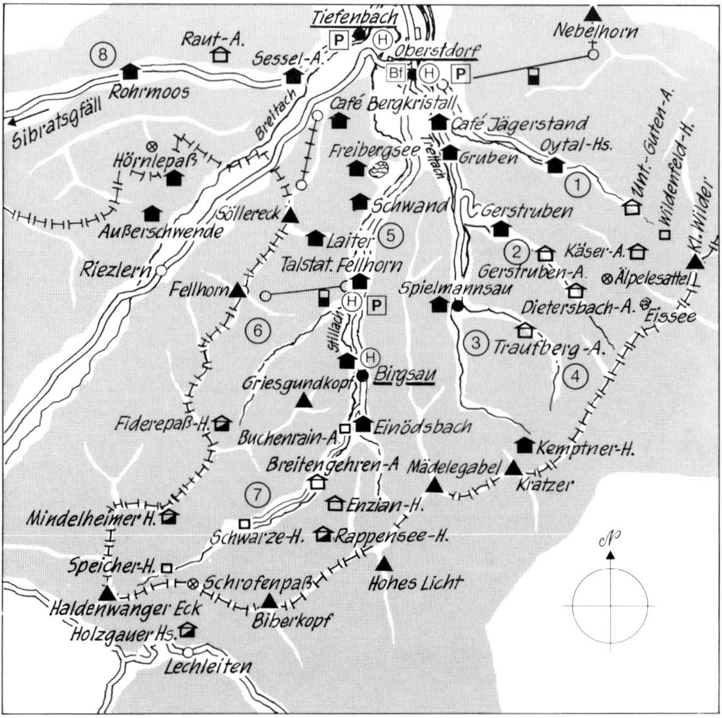

# 8 Oberstdorfer Täler



## 1 Oytal

Leicht
Gehzeit: 4–5 Stunden

*Ausgangspunkt:* Oberstdorf (Bf) Ⓗ [P]
*Wegverlauf:* Von der Mühlenbrücke nahe der Nebelhornbahn an der Trettachanlage flußabwärts zum Café Jägerstand ☗ – links über die Trettach – bei der Einmündung des Oybachs links (ostwärts) am Oybach aufwärts auf dem Dr.-Hohenadl-Weg zum Oytal-Haus (1009 m) ☗ – taleinwärts über die Untere Guten-Alpe ⌂ zum Prinzenkreuz, dem Gedenkkreuz an den Felssturz von der Höfats im Jahre 1882 – leicht steigend am Stuibenfall vorbei zur Käser-Alpe (1400 m) ⌂ im Talschluß des Oytals.
Rückweg wie Aufstieg – ab Oytal-Haus Fahrmöglichkeit mit Stellwagen.

## 2 Gerstrubental

### [a] Zum Älpelesattel (1780 m)

Leicht, Trittsicherheit erforderlich
Gehzeit: 6–6 1/2 Stunden

*Ausgangspunkt:* Oberstdorf **(Bf)** Ⓗ [P]
*Wegverlauf:* Von der Mühlenbrücke nahe der Nebenhornbahn auf bezeichnetem Weg Nr. 10 an der Trettach flußabwärts über Café Jägerstand ☗ und Gasthaus Gruben ☗ zur Zwingbrücke – 300 m Fahrstraße – Abzweigung nach links, steil hinauf nach Gerstruben ☗ – taleinwärts, nur geringfügig steigend über die Gerstruben-Alpe ⌂ zur Dietersbach-Alpe (1325 m) ⌂ – an der Hütte links (ostwärts) steil hinauf zum Älpelesattel (1780 m).
Abstieg nordostwärts durch Erlengebüsch zur Käser-Alpe (1400 m) ⌂ – nordwestlich talwärts, über Stuiben-Wasserfall – Untere Guten-Alpe ⌂ zum Oytal-Haus (1009 m) ☗ – zu Fuß oder mit Stellwagen im Oytal hinaus nach Oberstdorf.

### [b] Vom Älpelesattel (1780 m) zum Eissee (1780 m)

Leicht, Ausdauer erforderlich
Gehzeit: $8^{1}/_{2}$–9 Stunden

*Ausgangspunkt:* Oberstdorf **(Bf)** Ⓗ [P]
*Wegverlauf:* Bis zum Älpelesattel siehe [a] – dort südostwärts steil auf dem zum Rauheck ziehenden Kamm bis zum Seichereck auf der waagrechten Gratschneide (2044 m) – Einmündung in den Höhenweg Kemptner Hütte – Prinz-Luitpold-Haus – links (nordostwärts) hinunter zum Eissee (1827 m) – in gleicher Richtung am Fuße von Jochspitze, Höllhörnern und unter dem mächtigen Vorbau des Kleinen Wilden hinunter zum Wildenfeld-Hüttchen (1692 m) □ – an der Hütte scharf links (westlich) talwärts zur Käser-Alpe (1400 m) ⌂ – wie bei [a] im Oytal hinaus nach Oberstdorf.

## 3 Trettachtal

### [a] Spielmannsau (983 m) und Trettachsteg (1232 m)

Leicht
Gehzeit: $5^{1}/_{2}$–6 Stunden

*Ausgangspunkt:* Oberstdorf **(Bf)** Ⓗ [P]
*Wegverlauf:* Von der Mühlenbrücke entweder auf Weg Nr. 10 oder Nr. 15 Trettach-aufwärts oder auf Weg Nr. 18 über den Moorweiher, alle drei Wege führen gleich weit zur Zwingbrücke – nun auf Weg Nr. 10 über Dietersbach und Gottenried nach Spielmannsau (983 m) ☗ – weiter taleinwärts bis zum Trettachsteg am »Unteren Knie« (1232 m), wo sich Sperrbach und Trettach vereinen.
Rückweg nach Spielmannsau ☗ – nach 100 m links auf dem Fahrweg über den Christlessee ☗ talauswärts zum Ausgangspunkt.

### [b] Zur Kemptner Hütte (1844 m)

Leicht, Ausdauer erforderlich
Gehzeit: 9–12 Stunden

*Ausgangspunkt:* Oberstdorf **(Bf)** Ⓗ [P]
*Wegverlauf:* Bis Sperrbachsteg siehe [a] – vom Steg auf guter alpiner Weganlage im Sperrbachtobel hinauf zur Kemptner Hütte (1844 m) am Fuße des Kratzer.

Abstieg wie Aufstieg – ab Spielmannsau Stellwagen nach Oberstdorf.
*Bitte beachten:* Zeitbedarf nicht unterschätzen; Sperrbachtobel sehr lawinengefährdet, vor Juli nicht begehbar.

## 4 Traufbachtal (1200 m)

Leicht, Ausdauer erforderlich
Gehzeit: 5–6 Stunden

***Ausgangspunkt:*** Oberstdorf **(Bf)** Ⓗ [P]
***Wegverlauf:*** Von der Mühlenbrücke Trettach-aufwärts nach Spielmannsau (983 m) 🏠 – an der Kapelle nach links (ostwärts) im Traufbachtobel steil hinauf in das felsumrahmte Traufbach-Hochtal. Im Traufbachtal zur Hinteren Traufberg-Alpe (1250 m) ⌂.
Abstieg wie Aufstieg.
[V] Von Spielmannsau 1 km taleinwärts – Abzweigung nach links – Fahrweg bergauf ins Traufbachtal (1–1 1/2 Stunden).
*Bitte beachten:* Weiterer Aufstieg vom Traufbachtal gegen den Bettlerrücken nur für Geübte. Vereinzelte Pfade (Heuer-Wege) enden in steilen, gefährlichen Grashängen. Das Traufbachtal ist im Frühjahr sehr lawinengefährdet, Zugang erst nach dem Viehauftrieb ab Mitte Juni ratsam. Der Kegelkopf (nördlich) ist Refugium des Bergwildes, möglichst nicht besteigen – außerdem gefährliche Steilhänge.

## 5 Stillachtal

### [a] Freibergsee (928 m)
Leicht
Gehzeit: 3–3 1/2 Stunden

***Ausgangspunkt:*** Oberstdorf **(Bf)** Ⓗ [P]
***Wegverlauf:*** Von Oberstdorf, Walserstraße, westlich zur Schlechtenbrücke – auf Weg Nr. 27 südwestlich, leicht steigend, über Café Waldesruh 🏠 zum Café Bergkristall 🏠 – auf bezeichnetem »Probstweg« und Waldlehrpfad zum Freibergsee (928 m) 🏠 (Freischwimmbad, Kahnfahrt) – von der Westseite des Sees rechts steil hinauf zur Hochleite (1186 m) 🏠 – südlich nach Schwand 🏠 – nördlich zur Skiflugschanze (Heini-Klopfer-Schanze) – am Ostufer des Freibergsees rechts hinunter zum Renksteg – über die Loretto-Kapellen zurück nach Oberstdorf.

### [b] Einödsbach (1114 m)
Leicht
Gehzeit: 4 Stunden

***Ausgangspunkt:*** Oberstdorf **(Bf)** Ⓗ [P]
***Wegverlauf:*** Von Oberstdorf, Busbahnhof, mit Bus nach Birgsau Ⓗ 🏠 oder mit Stellwagen ab Kurpark – (öffentliche Straße bis Faistenoy/Fellhornbahn-Talstation Ⓗ [P], zu Fuß weiter nach Birgsau) – ab Birgsau taleinwärts über die


*Wasserfall im Bärgündeletal.* ▷

△ Das Grünten-Haus, ältestes Unterkunftshaus in den Allgäuer Alpen; darüber der Grüntengipfel mit dem Sendeturm.

▽ Das Rubihorn, zu seinen Füßen der Gaißalpsee.

*Im Hirschbachtobel bei Hindelang.*

*Ausblick vom Iselergipfel ins Illertal und auf die Nagelfluhkette.*

△ Der dominante Hochvogel, daneben die Fuchskarspitze; in Bildmitte an der Licht-/ Schattengrenze das Prinz-Luitpold-Haus.

▽ Das wuchtige Daumenmassiv.

△ *Die Mindelheimer Hütte; dahinter der Allgäuer Hauptkamm von der Trettachspitze (links) bis zum Biberkopf.*

▽ *Das Säuling-Haus auf der Tiroler Seite des Berges.*

*Kemptner Hütte (oben) und Rappensee-Hütte (unten) sind die beiden Hauptstützpunkte für Bergfahrten im Allgäuer Hauptkamm.*

△ *Ausblick vom Laufbacher-Eck-Weg auf Höfats, Rädlergrat und Allgäuer Hauptkamm.*

◁ *Einödsbach mit Trettachspitze, Mädelegabel und Hochfrottspitze.*

▽ *Am Mädelejoch mit Blick auf die Trettachspitze.*

△ *Der malerische Seealpsee.*

▽ *Morgenstimmung am Vilsalpsee.*

△ *Luftige Brücke am Mindelheimer Klettersteig.*

▽ *Einstieg zum Klettersteig Hohe Gänge.*

△ *Passage am Heilbronner Weg.*

▽ *Aufstiegshilfe am Hindelanger Klettersteig.*

*Abstieg vom Biberkopf nach Lechleiten.*

 *Das Kleinwalsertal mit den aneinandergereihten Orten Riezlern, Hirschegg und Mittelberg und dem Großen Widerstein.*

△ Im Schlösserwinkel: Schloß Neuschwanstein, Schloß Hohenschwangau mit Schwansee (rechts) und Alpsee.

▽ Der Aggenstein über dem Tannheimer Tal .

Eschbach-Alpe □, bei der folgenden Wegegabelung links, über der Stillachklamm hinauf nach Einödsbach (1114 m) ☗ – südlich auf dem Pfad Richtung Rappensee Hütte – nach $^{1}/_{4}$ Stunde rechts über die Stillach und wieder rechts (nördlich) zur Buchenrain-Alpe (1114 m) □ – auf der Asphaltstraße hinunter nach Birgsau – hier links über die Stillach – rechts talauswärts – über den Warmatsgundsteg kurz ansteigend zur »Ebene« – auf dem Fahrweg abwärts über Gasthaus Laiter ☗ nach Ringang – (Autofahrer rechts zum [P] an der Fellhornbahn) – über Schwand talwärts zur Ⓗ Skiflugschanze – mit Bus zum Ausgangspunkt.

### [c] Rappensee-Hütte (2091 m)

Leicht
Aufstieg: $3^{1}/_{2}$ Stunden
Abstieg: $3–3^{1}/_{2}$ Stunden

***Ausgangspunkt:*** Oberstdorf, Ⓗ Birgsau, [P] Fellhornbahn-Talstation
***Wegverlauf:*** Von Ⓗ taleinwärts – nach der Eschbach-Alpe □ links nach Einödsbach (1114 m) ☗ – auf bezeichnetem und markiertem Weg südwestlich über Peters-Alpe □ und Enzian-Hütte (1780 m) ⌂ mäßig steigend hinauf zur Rappensee-Hütte (2091 m) ⌂ – (Ausgangspunkt zur Begehung des Heilbronner Weges, Besteigung Biberkopf und Hohes Licht und Übergang ins Lechtal). Abstieg wie Aufstieg – oder südwestlich auf dem Eselsweg über die Mittlere Rappen-Alpe □ hinunter zur Schwarze-Hütte □ – im Rappenalpental hinaus zum Ausgangspunkt.

## 6 Warmatsgundtal

### [a] Wandergebiet Fellhorn (2038 m)

Leicht bis mittelschwer

***Ausgangspunkt:*** Oberstdorf **(Bf)** Ⓗ, [P] Fellhornbahn-Talstation
***Wegverlauf:*** Bergfahrt mit der Fellhornbahn über die Bergstation (= Mittelstation) zur Gipfelstation (1967 m). Aufstieg zum Fellhorngipfel 10 Minuten. Abstiege auf nachstehend aufgeführten, markierten Wegen.

1 Fellhorngipfel – ostwärts – Bergstation (1780 m) ☗ – Bierenwang-Alpe (⌂) – Talstation (☗), $2–2^{1}/_{2}$ Stunden, leicht.
2 Fellhorngipfel – nördlich – Schlappoltkopf (1769 m) – Schlappolteck (1925 m) – Schlappolt-Alpe (1700 m) (Käserei/⌂) – Bergstation (☗), $1^{1}/_{2}$–2 Stunden, leicht.
3 Fellhorngipfel – südlich – Gundsattel (1850 m) – Kanzelwand (Warmatsgundkopf) (2059 m) – Roßgund-Alpe (verfallen) – Obere Bierenwang-Alpe (⌂) – Bergstation (☗), $2^{1}/_{2}$–3 Stunden, leicht.
4 Fellhorngipfel – nördlich – Schlappoltkopf (1769 m) – Söllereck (1706 m) – Schönblick (1350 m) (☗) – Oberstdorf (Abfahrt mit Söllereckbahn möglich) – Bus zur Fellhornbahn-Talstation, (☗), 4–5 Stunden, leicht, Ausdauer erforderlich.
5 Fellhorngipfel – südlich – Gundsattel (1850 m) – nordostwärts ins Walsertal – Riezler-Alpen (□) – oberhalb Riezlern nördlich – Oberwestegg – Mittel-Alpe (1303 m) (☗) – Schönblick (1350 m) (☗) – Hochleite (☗) (1200 m) –

Schwand (950 m) (🏠) – Talstation (🏠), 6–6 1/2 Stunden, leicht, Ausdauer erforderlich.

6 Bergstation (🏠) – südlich – Obere Bierenwang-Alpe (□) – Gundsattel (1850 m) Roßgund-Alpe (verfallen) – Kühgund-Alpe (□) – Warmatsgund-Alpe (□) – 1 km Forststraße – Abzweigung rechts zur Talstation (🏠) 4 1/2–5 Stunden, leicht, Ausdauer erforderlich.

7 Gipfelstation (🏠) – südlich – Gundsattel (1850 m) – Kanzelwand (2059 m) – Kühgund-Alpe (□) – Fiderepaß Hütte (2066 m) (⌂) – Fiderescharte – Saubuckelkar (2000 m) – nördlich – Roßgundscharte (2005 m) – Kühgund-Alpe □ – Warmatsgundtal – Talstation (🏠), 6–7 Stunden, leicht, Ausdauer erforderlich.

*Bitte beachten:* Wetter- und Wandertelefon 0 83 22/30 35.

### [b] Höhenweg überm Warmatsgund- und Rappenalpental (2005 m)

Mittelschwer, Ausdauer erforderlich
Gehzeit: 5–5 1/2 Stunden

***Ausgangspunkt:*** Oberstdorf **(Bf)** (H), [P] Fellhornbahn-Talstation
***Wegverlauf:*** Ab (H) [P] über die Stillach – an der Fellhornbahn-Talstation links (südwestlich), rot markiert, oberhalb des Warmatsgundbachs über die Höfle-Alpe (1336 m) □ und Wank-Alpe (1744 m) □ – mäßig steigend zur verfallenen Kühgund-Alpe (1744 m) – an der Hütte auf dem bezeichneten Krumbacher Höhenweg links (südostwärts), stets auf die Markierung achtend steil hinauf zur Roßgundscharte (2005 m) – südlich abwärts zur Einmündung in den von der Fiderepaß-Hütte herabkommenden Pfad – auf diesem hinab zur nächsten Wegteilung – Abzweigung scharf nach links hinunter zur verfallenen Taufersberg-Alpe – an den Osthängen des Griesgundkopfes talwärts, vorbei am Guggersee (1700 m) – im Schrofengelände des Griesgundes steil (Vorsicht!) hinunter nach Birgsau 🏠 (H) – talauswärts zum [P] Faistenoy an der Fellhornbahn-Talstation.

## 7 Rappenalpental

### [a] Zum Talschluß (1522 m)

Leicht
Gehzeit: 4–5 Stunden

***Ausgangspunkt:*** Oberstdorf **(Bf),** (H) Birgsau, [P] Fellhornbahn-Talstation
***Wegverlauf:*** Ab (H) [P] taleinwärts – nach der Eschbach-Alpe □ rechts auf dem Fahrweg steil hinauf zur Buchenrain-Alpe (1114 m) □ – im Hochtal fast eben über Breitengehren-Alpe ⌂, Schwarze Hütte □ (Diensthütte) – Untere Biber-Alpe □ zur Speicher-Hütte (1450 m) □ im Talschluß (Wegteilung Mindelheimer Hütte, Schrofenpaß und Haldenwanger Eck).
Gleicher Rückweg.

### [b] Mindelheimer Hütte (2058 m)

Leicht, Ausdauer und Kondition erforderlich
Gehzeit: 7–8 Stunden

***Ausgangspunkt:*** Oberstdorf **(Bf)**, Birgsau (H), 🏠 [P] Fellhornbahn-Talstation

***Wegverlauf:*** Vom [P] über Anatstein ⌂ nach Birgsau ⌂ Ⓗ – ab Birgsau über die Stillach – links (südwestlich) im Wald steil hinauf zum Scheidbühel (1511 m) – am Fuße von Griesgundkopf, Alpgundkof und Roßgundkopf am Guggersee (1700 m) vorbei - stetig aufwärts über die verfallene Taufersberg-Alpe zur Einmündung in den von der Fiderescharte herabziehenden Krumbacher Höhenweg – am Fuße der Schafalpenköpfe nur noch geringfügig steigend über die Obere Angerer-Hütte (1908 m) □ zur Mindelheimer Hütte (2058 m) ⌂.
Abstieg zur Oberen Angerer-Hütte (1908 m) – dort rechts, auch bei der Unteren Angerer-Hütte □ rechts – hinunter zur Schwarze-Hütte (1242 m) □ – im Rappenalpental talauswärts zum Ausgangspunkt.

## [c] Schrofenpaß (1687 m)

Mittelschwer, $1\frac{1}{2}$ Tage
(Fahrrad: »Murmeletour«)
Gehzeit Birgsau – Lechleiten: 4 Stunden
Gehzeit Rückweg: $3\frac{1}{2}$–4 Stunden

***Ausgangspunkt:*** Oberstdorf **(Bf),** Ⓗ Birgsau, [P] Fellhornbahn-Talstation
***Wegverlauf:*** Vom [P] Ⓗ taleinwärts – bei der Eschbach-Alpe rechts ins Rappenalpental – über Buchenrain-Alpe □, Breitengehren-Alpe ⌂, Schwarze-Hütte □ Untere Biber-Alpe □ zur Speicher-Hütte □ – bei der Wegteilung links (ostwärts) auf drahtseilgesichertem Steig (ehemaliger Karrenweg) hinauf zum Schrofenpaß (1687 m) (deutsch/österreichische Grenze) – südlich hinunter zum Holzgauer Haus (1512 m) ⌂ in Lechleiten/Tirol (günstiger Ausgangspunkt zur Besteigung des Biberkopfs).
Rückweg nordostwärts hinauf zur Schloßwand (1875 m) – in gleicher Richtung durch den Mutzentobel (Vorsicht bei Nässe!) zur Rappensee-Hütte (2091 m) ⌂ – über die Enzian-Hütte (1780 m) ⌂, Peters-Alpe □ und Einödsbach (1114 m) ⌂ hinunter zum Ausgangspunkt.
*Bitte beachten:* Grenzübertritt, Personalausweis erforderlich.

## [d] Haldenwanger Eck (1931 m)

Mittelschwer
Gehzeit: 7–8 Stunden

***Ausgangspunkt:*** Oberstdorf **(Bf),** Ⓗ Birgsau, ⌂ [P] Fellhornbahn-Talstation ⌂
***Wegverlauf:*** Vom [P] Ⓗ taleinwärts, an der Eschbach-Alpe □ rechts hinauf ins Rappenalpental – über Buchenrain-Alpe □, Breitengehren-Alpe ⌂ und Schwarze-Hütte □ bis zur Speicher-Hütte (1500 m) □ im Talschluß – bei der Wegteilung links über den Haldenwanger Bach, dann gleich rechts (westlich) hinauf zur Trift-Hütte □ – auf Wegspuren weiter bergauf zum Haldenwanger Eck (1931 m) (Grenzpunkt Bayern/Vorarlberg/Tirol).
Rückweg ostwärts auf dem Rauhgerner Bergrücken abwärts zum Schrofenpaß (1685 m) – links (westlich) auf drahtseilgesichertem Steig hinunter zum Haldenwanger Bach – talauswärts im Rappenalpental hinaus zum Ausgangspunkt.

*Bitte beachten:* Im Bereich Haldenwanger Eck Viehzäune, hier befinden sich meistens Jungstiere auf der Weide.

## 8 Rohrmoostal (1070 m)

### [a] Rohrmoos (1070 m) – Sibratsgfäll (1070 m–929 m)

Leicht
Gehzeit Tiefenbach-Rohrmoos-Tiefenbach: 3 Stunden
Gehzeit Rohrmoos-Sibratsgfäll-Rohrmoos: 4–5 Stunden

*Ausgangspunkt:* Oberstdorf, Ortsteil Tiefenbach (H) [P]
*Wegverlauf:* Von Tiefenbach [P], Breitachklamm, 100 m zurück zur Starzlachbrücke – an der Kapelle Hochstatt links (westlich) hinauf zur Sessel-Alpe (1050 m) ⌂ – auf der Forststraße westlich nach Rohrmoos (1070 m) ⌂. Beliebige Ausdehnung der Wanderung nach Westen über Hirschgund (Grenzübergang) nach Sibratsgfäll ⌂, hin- und zurück 4–5 Stunden.
Rückweg von Rohrmoos links der Starzlach auf dem Oberallgäuer Rundwanderweg über die Raut-Alpe ⌂ zur Rohrmooser Straße – beim Bildstöckl am Huettenbühl rechts hinab oder 300 m weiter über den Jägerwinkel ⌂ rechts hinunter über Oib zum Ausgangspunkt.
***Bitte beachten:*** Bei Ausdehnung der Wanderung nach Sibratsgfäll Grenzübertritt, Personalausweis erforderlich.

### [b] Hörnlepaß (1290 m)

Leicht
Gehzeit: 4 1/2–5 Stunden

*Ausgangspunkt:* Oberstdorf, Ortsteil Tiefenbach (H) [P]
*Wegverlauf:* Von Tiefenbach [P] Breitachklamm, 100 m zurück – an der Kapelle Hochstatt links (westlich) hinauf zur Sessel-Alpe (1050 m) – westlich auf der Forststraße nach Rohrmoos (1070 m) ⌂ – weiter 15–20 Min. taleinwärts – beim Wegweiser »Hörnlepaß« links (südlich) zum Wald – spärlich gelb markiert, zum Teil auf Wegspuren, links haltend südostwärts hinauf zur Kapelle am Hörnlepaß (1283 m) – südostwärts hinunter ins Walsertal – über Gasthaus Hörnlepaß ⌂ nach Außenschwende – beim Gasthaus Berglick ⌂ links (nordostwärts), auf dem Straußbergweg beim Schmalzloch über die »grüne Grenze« nach Hinterenge – asphaltierter Forstweg bis zur Sessel-Alpe ⌂ – rechts zum Ausgangspunkt.
***Bitte beachten:*** Bei Orientierungsschwierigkeiten von Rohrmoos zum Hörnlepaß umkehren, nicht in die Felsen der Gottesackerwände einsteigen!

# 9 Oberstdorfer Berge



## 1 Allgäuer Hauptkamm

[a] Trettachspitze (2595 m)
Schwer
Gehzeit Birgsau – Waltenberger Haus: $3^1/_2$ Stunden
Gehzeit Waltenberger Haus – Trettachspitze: $2^1/_2$ Stunden
Gehzeit Trettachspitze – Birgsau: $3^1/_2$–4 Stunden

*Ausgangspunkt:* Oberstdorf **(Bf)** Ⓗ [P] Faistenoy (Fellberghornbahn-Talstation)
*Wegverlauf:* Von Oberstdorf, Busbahnhof, oder vom [P] Faistenoy/Fellhornbahn-Talstation Ⓗ mit Bus nach Birgsau Ⓗ ☗ – ab Birgsau nach Einödsbach ☗ – auf bezeichnetem Weg durchs Bacherloch hinauf zum Waltenberger-Haus ⌂ (2083 m). Vom Waltenberger-Haus nordostwärts, rot markierter Steig zum Punkt 2096 m – kurz ostwärts hinunter ins Mädelekar – in weitem Bogen zum Nordwestvorbau der Trettach – im Geröllkessel unter der Nordwand links ansteigend zum Einstieg in den Nordostgrat. Auf griffigen, aber stets steinschlaggefährdeten Platten links (leichter als rechts) zum ausgesetzten Grat – Kletterei bis zum Überhang – links hinein in den Felskessel (Blodigkessel) – im schrägen Riß Kletterei (II + ) über den Gipfelgrat zum Gipfel.
Abstieg auf dem weniger schwierigen Nordwestgrat (II) – plattige Felsrinnen bis zur kleinen Scharte – nach der senkrechten, griffigen Gratkante auf Felsbändern hinunter zum Schneefeld – nun auf Pfadspuren (Vorsicht bei Nebel!) über den Wildengundkopf zum Spätengundkopf (1993 m) – links (westlich) über die Einödsberg-Alpe □ und Einödsbach ☗ hinunter zum Ausgangspunkt.

## [b] Heilbronner Weg (2400–2600 m)

Mittelschwer (2 Tage)
Gehzeit Birgsau – Rappensee-Hütte: $3^{1}/_{2}$ Stunden
Gehzeit Rappensee-Hütte – Kemptner Hütte: 6–7 Stunden
Gehzeit Kemptner Hütte – Oberstdorf: 4 Stunden

*Ausgangspunkt:* Oberstdorf **Bf** Ⓗ [P]
*Wegverlauf:* Von Oberstdorf, Busbahnhof, oder vom [P] Faistenoy/Fellhornbahn Ⓗ mit Bus nach Birgsau Ⓗ – Straße nach Einödsbach (1114 m) – auf bezeichnetem und markiertem Weg zunächst taleinwärts, dann links über die Peters-Alpe □ und Enzian-Hütte (1780 m) hinauf zur Rappensee-Hütte (2091 m) – von der Hütte südostwärts in Serpentinen zur großen Steinscharte (2262 m), dem »Geologischen Fenster«, zwischen Rotgundspitze (links) und Hochgundspitze (rechts) – in vielen Windungen hinauf zur Wegteilung vor dem Hohen Licht – Besteigung des Hohen Lichts ist obligatorisch – rechts an der Nordwestflanke hinüber zur Südwestkante – auf breitem Rücken in Serpentinen hinauf zum Gipfel (2651 m) (Mehraufwand an Zeit $1–1^{1}/_{4}$ Std.) – auf gleichem Weg zurück zur Wegteilung – rechts (ostwärts) durch das Heilbronner Törle zur Kleinen Steinscharte (2541 m) – bei der Abzweigung ins Lechtal links (nördlich) über die Leiter am Steinschartenkopf (2615 m) auf luftigem Grat zum Wilden Mann (2577 m) – drahtseilgesichert zur Socktalscharte (2446 m) (Notabstieg steil durchs Hintere Bockkar zum Waltenberger-Haus (2083 m)) – weiter auf ausgeklügelt angelegtem Weg zum Bockkarkopf (2523 m) – durch die Bockkarscharte über die »Schwarze Milz« (einziger Gletscher im Allgäu) am Fuß der Mädelegabel über das Kratzerjoch am Südrand des Kratzer zum Mädelejoch – links (nördlich) hinunter zur Kemptner Hütte (1844 m).
Abstieg durch den Sperrbachtobel nach Spielmannsau – taleinwärts nach Oberstdorf – Fahrmöglichkeit mit Stellwagen.

## [c] Mädelegabel (2645 m)

Mittelschwer
Gehzeit Birgsau – Waltenberger Haus: $3^{1}/_{2}$ Stunden
Gehzeit Waltenberger Haus – Mädelegabel: $2^{1}/_{2}$ Stunden
Gehzeit Mädelegabel – Oberstdorf: 5–6 Stunden

*Ausgangspunkt:* Oberstdorf **Bf** Ⓗ [P]
*Wegverlauf:* Von Oberstdorf bzw. vom [P] Faistenoy/Fellhornbahn Ⓗ nach Birgsau Ⓗ – Straße nach Einödsbach (1114 m) – auf bezeichnetem Weg durchs Bacherloch hinauf zum Waltenberger-Haus (2083 m) – südostwärts, im Vorderen Bockkar steil bergauf zur Bockkarscharte (2504 m) – ostwärts über den Schwarzmilzferner bis zum Südostsporn der Mädelegabel – auf dem breiten Grat in leichter Kletterei unschwierig zum Gipfel.
Abstieg über den Südostgrat wie Aufstieg – an der kleinen Scharte ostwärts über die »Schwarze Milz« zum Kratzerjoch – an den Südhängen des Kratzer zum Mädelejoch – links (nördlich) hinunter zur Kemptner Hütte – im Sperrbachtobel nach Spielmannsau – talauswärts nach Oberstdorf – (Stellwagen).
*Bitte beachten:* Tour nur bei günstigen Witterungsbedingungen unternehmen!

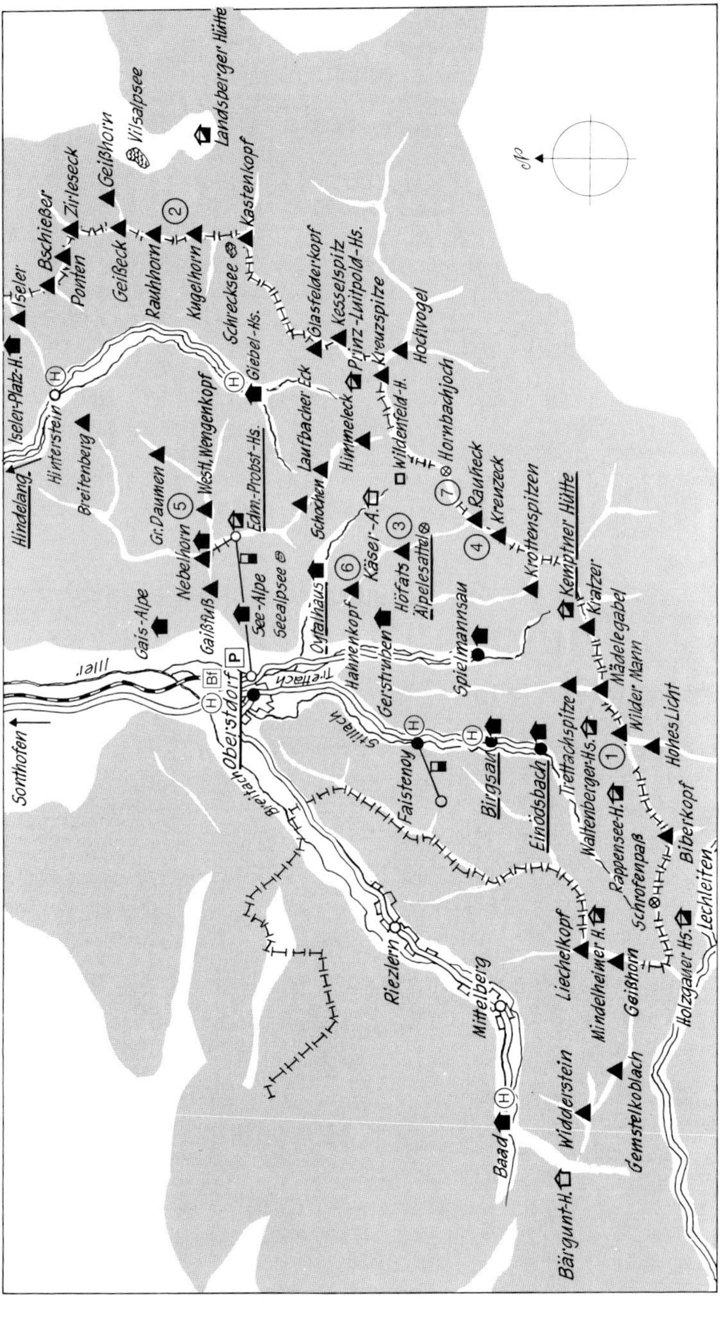

Sonthofen
Iller
Oberstdorf
Bf
P
H
Trettach
Stillach
Breitach
Hindelang
Iseler-Platz-H.
Iseler
Bschießer
Ponten
Zirleseck
Geißhorn
Vilsalpsee
Landsberger Hütte
Geißeck
Rauhhorn
Kugelhorn
Schrecksee
Kastenkopf
Hinterstein
Breitenberg
Giebel-Hs.
Glasfelderkopf
Kesselspitz
Prinz-Luitpold-Hs.
Kreuzspitze
Hochvogel
Laufbacher Eck
Himmeleck
Wildenfeld-H.
Hornbachjoch
Gr. Daumen
West. Wengenkopf
Edm.-Probst-Hs.
Nebelhorn
Schochen
Käser-A.
Rauheck
Krenzeck
Krottenspitzen
Kemptner Hütte
Gais-Alpe
Gaißfuß
See-Alpe
Seealpsee
Oytalhaus
Höfats
Älpelesattel
Hahnenkopf
Gerstruben
Spielmannsau
Kratzer
Mädelegabel
Wilder Mann
Hohes Licht
Trettachspitze
Waltenberger-Hs.
Rappensee-H.
Faistenoy
Birgsau
Einödsbach
Biberkopf
Schrofenpaß
Lechleiten
Holzgauer Hs.
Riezlern
Mittelberg
Liechelkopf
Mindelheimer H.
Geißhorn
Widderstein
Gemstelkoblach
Baad
Bärgunt-H.
1
2
3
4
5
6
7

### [d] Biberkopf (2599 m)

Mittelschwer (2 Tage)
Gehzeit Birgsau – Rappensee Hütte: $3^1/_2$ Stunden
Gehzeit Rappensee Hütte – Biberkopf: 2–$2^1/_2$ Stunden
Gehzeit Biberkopf – Holzgauer Haus: $2^1/_2$–3 Stunden
Gehzeit Holzgauer Haus – Oberstdorf: $3^1/_2$–4 Stunden

*Ausgangspunkt:* Oberstdorf **Bf** Ⓗ [P]
*Wegverlauf:* Von Oberstdorf, Busbahnhof oder vom [P] Faistenoy/Fellhornbahn Ⓗ nach Birgsau ⌂ Ⓗ – Straße nach Einödsbach (1114 m) ⌂ – auf bezeichnetem Weg über die Peters-Alpe □ und Enzian-Hütte (1780 m) ⌂ zur Rappensee-Hütte (2091 m) ⌂ – südwestlich hinauf in den Sattel zwischen Rappenseekopf (links) und Hochrappenkopf (rechts) – am zerklüfteten Nordostgrat des Biberkopfes auf dem Normalweg rechts in der Geröllrinne hinunter bis zum tiefsten Sporn des Nordostgrats – (Begehung des Nordostgrats II–III) – am Sporn links (südwestlich) ansteigend zum Südwestgrat des Biberkopfes – auf dem Grat drahtseilgesicherter Steig zum Gipfel.
Abstieg wie Aufstieg – oder auf dem Südwestgrat geradeaus hinunter zum Holzgauer Haus ⌂ (1517 m) in Lechleiten – nordostwärts über den Schrofenpaß – im Rappenalpental hinaus nach Birgsau.

## 2 Große Allgäuer-Alpen-Durchquerung

Mittelschwer (8 Tage)

*Ausgangspunkt:* Hindelang Ⓗ [P]

### 1. Tag: Hindelang (825 m) – Iseler (1876 m) – Geißhorn (2249 m) – Landsberger Hütte (1810 m)

Gehzeit: 7–8 Stunden, mit Sesselbahnbenutzung 2 Stunden weniger

*Wegverlauf:* Von Hindelang, [P] am Busbahnhof, zum Prinz-Luitpold-Bad (822 m) Ⓗ – dort auf dem bezeichneten »Palmweg« südostwärts hinauf zur Iseler-Platz-Hütte ⌂ Sesselbahn-Bergstation (hierher Sesselbahn vom Oberjoch) – im Latschenhang zum Iseler-Gipfel (1876 m) – südostwärts abwärts in den Bschießersattel – südlich zum Bschießer (1999 m) – Gratweg zum Ponten (2045 m) – auf dem Kamm über Zirleseck zum Geißeck (I) – Aufstieg nordostwärts zum Geißhorn (2249 m), 20 Minuten, lohnend – zurück zum Geißeck, an der Ostflanke des Rauhorns zur Hinteren Schafwanne (1956 m) – an der Westflanke des Kugelhorns und Knappenkopfes zum Kirchdachsattel oberhalb des Schrecksees – links (ostwärts) über die Kasten-Alpe (1865 m) und das Kastenjoch (2000 m) hinunter zur Landsberger Hütte (1810 m) ⌂.

### 2. Tag: Landsberger Hütte (1810 m) – Jubiläumsweg – Prinz-Luitpold-Haus (1846 m)

Gehzeit: $4^1/_2$–5 Stunden

***Wegverlauf:*** Ab Landsberger Hütte (1810 m) ⌂ auf dem Saalfelder Höhenweg westlich hinauf aufs Kastenjoch – am Joch links (südlich) über die Kalbleggspitze (2000 m) zur Lahnerscharte (1988 m), in die Einmündung des Jubiläumswegs – auf dem Prachtstück des Weges südlich bis zur Abzweigung oberhalb der Licht-Alpe – an der Abzweigung rechts ins Bockkar – im Geröll hinauf zur Bockkarscharte zwischen Glasfelderkopf (rechts) und Kesselspitz (links) – von der Scharte südwestlich hinunter zum Prinz-Luitpold-Haus (1846 m) ⌂.

### 3. Tag: Prinz-Luitpold-Haus (1846 m) – Hochvogel (2592 m) – Bäumenheimer Weg – Prinz-Luitpold-Haus (1846 m)

Gehzeit: 6 Stunden

***Wegverlauf:*** Vom Prinz-Luitpold-Haus südostwärts durchs »Täle« hinauf zur Balkenscharte (Schwindelfreie kürzen ab über die Kreuzspitze) – von der Scharte rechts (südlich) übers Sättele in den »Kalten Winkel« – im steilen Schneefeld (bei Vereisung nur mit Steigeisen und Pickel begehbar!) hinauf zur Kaltwinkelscharte zwischen Hochvogel und Kreuzspitze – von der Scharte Umgehung der Ostschulter – auf der »Schnur«, dem waagrechten überdachten Felsband, hinüber zur Westseite – auf dem geröllbedeckten, gut markierten und naturgestuften Westdach hinauf zum Gipfel – Abstieg wie Aufstieg zum Prinz-Luitpold-Haus ⌂.

[V]: Vom Gipfel südlich auf dem Bäumenheimer Weg – Fuchsensattel – Balkenscharte – Prinz-Luitpold-Haus (für Schwindelfreie) (4 Stunden).

### 4. Tag: Prinz-Luitpold-Haus (1846 m) – Himmeleck (2007 m) – Rauheck (2384 m) – Kemptner Hütte (1844 m)

Gehzeit: $7^1/_2$ Stunden

***Wegverlauf:*** Vom Prinz-Luitpold-Haus (1846 m) ⌂ südwestlich hinunter in den Talschluß des Bärgündeletals – bei der Wegteilung am Stierbach links (südwestlich) hinauf zum Himmeleck (2007 m) – bergab über das Mitteleck (1835 m) am Fuße der Wilden-Gruppe zur Wildenfeld-Hütte (1692 m) □ – dort links bergauf Richtung »Hornbachjoch« – bei der nächsten Wegteilung rechts (südwestlich) ansteigend zum Eissee – in gleicher Richtung hinauf zur Nordrippe des Rauhecks – auf dem Grat am Seichereck – links (südostwärts) zum Rauheck (2384 m) – jetzt nur noch bergab – südwestlich auf dem Kamm über das Kreuzeck (2376 m) – danach »Im Märzle« zum Fürschießersattel (2208 m) und im großen Bogen südlich hinunter zur Kemptner Hütte (1844 m) ⌂.

### 5. Tag: Kemptner Hütte (1844 m) – Heilbronner Weg – Rappensee-Hütte (2091 m)

Gehzeit: 6–7 Stunden, mit Mädelegabel und Hohes Licht zusätzlich $2^1/_4$ Stunden

***Wegverlauf:*** Von der Kemptner Hütte ⌂ südlich hinauf zum Mädelejoch (1973 m) (nicht verwechseln mit dem Oberen Mädelejoch, das ostwärts unter dem Muttlerkopf liegt) – auf dem Heilbronner Weg (mit viel »Gegenverkehr«)

westlich am Südhang des Kratzer durchs Kratzerjoch zum Südostgrat der Mädelegabel (auf breitem Grat in leichter Kletterei lohnend zum Gipfel – Zeitmehrbedarf 1 Stunde) – vom Einstieg über dem Schwarze-Milz-Ferner zur Bockkarscharte – an Seilsicherungen zum Bockkarkopf (2608 m) – hinunter zur Socktalscharte (2446 m) – (Notabstieg rechts zum Waltenberger-Haus ⌂) – über den Wilden Mann (2577 m) und Steinschartenkopf (2616 m) – Eisenleiter hinunter zur Kleinen Steinscharte (2540 m) – durch das Heilbronner Törle zur Wegteilung am Hohen Licht (2651 m) – (Gipfelbesteigung sehr lohnend ) – Bei der Wegteilung links (südlich) zur Südwestkante – auf breitem Rücken in Serpentinen hinauf zum Gipfel (Zeitmehrbedarf 11/4 Stunden) – bei der Wegteilung rechts (nordwestlich) zur Großen Steinscharte (2262 m) – in Serpentinen über das Hochplateau hinunter zur Rappensee-Hütte (2091 m) ⌂.

## 6. Tag: Rappensee-Hütte (2091 m) – Biberkopf (2599 m) – Lechleiten/Holzgauer Haus (1512 m)

Gehzeit: 4–4 1/2 Stunden

***Wegverlauf:*** Von der Rappensee-Hütte (2091 m) ⌂ zwischen den beiden Seen südwestlich hinauf zum Sattel zwischen Rappenseekopf und Hochrappenkopf (2350 m) – am Südabhang des Hochrappenkopfes entlang zum Grat zwischen Hochrappenkopf und Biberkopf – 150 Höhenmeter rechts in einer steilen Rinne hinunter – um den Fuß des Felssporns herum nach Westen querend und über gestuften Fels hinauf zur Westschulter des Biberkopfes – auf dem Pfad, der von Lechleiten heraufkommt, links hinauf zum Gipfel (2599 m) – Abstieg über die Westschulter, drahtseilgesichert, zur Hundskopf-Alpe □ und nach Lechleiten – Holzgauer Haus (1512 m) ⌂.

## 7. Tag: Holzgauer Haus (1512 m) – Schrofenpaß (1687 m) – Mindelheimer Hütte (2058 m)

Gehzeit: Mindelheimer Hütte 3 1/4 Stunden (zusätzlich Geißhorn 2 1/2 Stunden)

***Wegverlauf:*** Vom Holzgauer Haus (1512 m) ⌂ nördlich hinauf zum Schrofenpaß (1687 m) – auf dem gesprengten Weg hinunter in den Talschluß des Rappenalpentales (1522 m) – nördlich über die Haldenwanger-Alpe zur Mindelheimer Hütte (2058 m) ⌂ – Besteigung des Walser Geißhorns (2366 m) lohnend: von der Mindelheimer Hütte westlich – in die Mulde – kurzer Aufstieg zum Geröllkessel des Liechelkopfes – südlich zum Schwabengrat – wo der Widderstein sichtbar wird steht ein Wegweiser, dort rechts leicht zum Geißhorngipfel – Rückweg zur Mindelheimer Hütte wie Aufstieg.

## 8. Tag: Mindelheimer Hütte (2058 m) – Gemstelpaß (1971 m) – Widderstein (2058 m) – Baad

Gehzeit: 6 Stunden

***Wegverlauf:*** Von der Mindelheimer Hütte (2058 m) westlich bis unter die Südhänge des Liechelkopfes – südlich zum Schwabengrat – bei der Abzweigung »Sterzer Hütte« am Geißhornjoch links im Bogen bis zum Vermessungspunkt bei der Wegteilung oberhalb der Koblach-Hütte (Grenzübertritt!) – rechts (westlich) über das Gemstelkoblach (2019 m) zum Gemstelpaß (1971 m) und zur Oberen Widderstein-Alpe (2009 m) ⌂ – westlich zum Fuß des Widdersteins – Aufstieg leicht, doch steinschlaggefährdet zum Gipfel (2058 m) – Abstieg südlich – am Einstieg rechts (westlich) zum Hochalppaß (verfallene Hütte) – rechts (nördlich) über Bärgunt-Mittelalpe – Bärgunt-Hütte ⌂ im Bärgunttal nach Baad im Kleinwalsertal ⌂ Ⓗ.

## 3 Höfats (2258 m)

Schwer, nur für Geübte
Gehzeit: 7–8 Stunden

*Ausgangspunkt:* Älpelesattel (1780 m), von Oberstdorf über Oytal – Käser-Alpe oder über Gerstruben – Dietersbach-Alpe
*Wegverlauf:* Vom Älpelesattel nordwestlich auf dem Grasrücken zum markanten Punkt 2004 m – der Grat wird schmäler und steiler (I), die Grasflanken erreichen einen Neigungswinkel bis 70 ° und mehr – nach Norden furchterregende Steilabstürze – die letzte Gratschneide zum Gipfel ist ziemlich schwierig (II) – Umgehung der letzten Felsstufe ist möglich, doch sehr exponiert – nur auf dem Grat weiter zum Ostgipfel.
Abstieg vom Ostgipfel wie Aufstieg.
Übergang vom Ostgipfel zum Westgipfel und Abstieg nach Gerstruben schwierig (III).
[V]: Aufstieg von Gerstruben über die Höfatswanne zum Westgipfel, mäßig schwierig (I–II) (3 Stunden).
*Bitte beachten:* Das Verlassen des Steiges bedeutet höchste Gefahr; nach Regenfällen nicht begehbar!

## 4 Rauheck (2200 m) – Kreuzeckgrat (2384 m)

Mittelschwer, Ausdauer erforderlich
Gehzeit Oberstdorf – Kemptner Hütte: 4 1/2 Stunden
Gehzeit Kemptner Hütte – Rauheck: 2 1/2–3 Stunden
Abstieg: 3–4 Stunden

*Ausgangspunkt:* Kemptner Hütte, über Oberstdorf-Trettachtal – Spielmannsau
*Wegverlauf:* Von der Kemptner Hütte nördlich über die »Nachtböden« – links Richtung Prinz-Luitpold-Haus unter dem Muttlerkopf zum Fürschießersattel (an den steilen Grashängen Weg nicht verlassen!) – ostwärts am Fuß der Krottenspitzen hinab ins Märzlekar – Anstieg zum Märzlesattel (2201 m) – auf dem schmalen grünen Grenzkamm zum Kreuzeck (2376 m) – durch den Sattel (2261 m) weiter zum Rauheck (2384 m).
Abstieg nach links auf der Kreuzeck-Nordrippe über das Seichereck hinunter zum Älpelesattel (1780 m) – nach Belieben links durch das Dietersbach- und Gerstrubental oder rechts über die Käser-Alpe ⌂ im Oytal nach Oberstdorf.

*Bitte beachten:* Abstieg vom Kreuzeck über den Bettlerrücken ins Traufbachtal nur für Geübte!

## 5 Nebelhorn (2224 m)

### [a] Aufstieg durch den Faltenbachtobel

Leicht, aber mühsam
Aufstieg: 4–4 1/2 Stunden
Abstieg: 2 1/2 Stunden

***Ausgangspunkt:*** Oberstdorf **Bf** (H) [P]
***Wegverlauf:*** Von Oberstdorf zum Skistadion an den Schattenberg-Sprungschanzen – entweder auf der autofreien Straße oder auf dem Tobelweg hinauf zur See-Alpe (1274 m) – im Hochtal leicht steigend unter der Nebelhornbahntrasse zum talabschließenden Felsriegel – in Serpentinen hinauf zur Nebelhornbahn-Bergstation, zum Hotel und Edmund-Probst-Haus – nördlich zum Gipfel (2224 m) – Bergfahrt mit Sessellift möglich.
Abstieg wie Aufstieg.

### [b] Abstieg auf dem Gleitweg ins Oytal

Mittelschwer
Gehzeit: 3 1/2 Stunden

***Ausgangspunkt:*** Nebelhornbahn-Bergstation oder Edmund-Probst-Haus
***Wegverlauf:*** Von der Bergstation bzw. vom Edmund-Probst-Haus (1929 m) südlich in die Mulde – leicht ansteigend zum Zeigersattel – vom Sattel südlich schräg am Hang hinunter Richtung Seealpsee – der See bleibt rechts unten liegen – (wer jedoch zum Seealpsee hinunter geht, muß auf den markierten Pfad zurück steigen; vom See ist kein direkter Abstieg ins Oytal möglich; Absturzgefahr!) – der Normalweg führt oberhalb des Sees zum »Mäxeles Egg« – hier wird der Pfad hinunter ins Oytal steiler – im Oytal talauswärts zum Oytal-Haus – zunächst auf der Straße, dann auf dem Dr.-Hohenadl-Weg hinaus nach Oberstdorf – Fahrmöglichkeit mit Stellwagen.

### [c] Abstieg über Gaißfuß (1980 m) und Gaißalpseen nach Oberstdorf

1 = leicht, 2 = mittelschwer
Gehzeit: 4 Stunden

***Ausgangspunkt:*** Nebelhornbahn-Bergstation oder Edmund-Probst-Haus
***Wegverlauf:*** Zwei Wege führen zum Gaißfuß (1980 m):
1. Unbeschwerlicher Pfad von der Bergstation westlich über den Weißkopf im »Großen Gund« mit kurzem Anstieg zum Gaißfuß.
2. Von der Bergstation mit der Sesselbahn zum Nebelhorngipfel (2224 m) – vom Gipfel westlich auf sehr steilem Pfad (bei Nässe Vorsicht!) am Grashang im »Großen Gund« hinunter zum Normalweg – kurzer Anstieg zum Gaißfuß.

Ab Gaißfuß über die beiden Gaißalpseen auf markiertem Weg hinunter zur Gais-Alpe (1149 m) – an der Gaisalp-Kapelle links – Wallrafweg nach Oberstdorf.

### [d] Laufbacher-Eck-Weg (2160 m)

Leicht, Ausdauer erforderlich
Gehzeit: 7 Stunden

***Ausgangspunkt:*** Nebelhornbahn-Bergstation oder Edmund-Probst-Haus
***Wegverlauf:*** Von der Bergstation südlich zum Zeigersattel – vom Sattel auf markiertem Pfad, hoch über dem Seealpsee, auf fast gleichbleibender Höhe südlich um den Schochen – an steilen Blumenmatten ostwärts, zuletzt ansteigend zum Laufbacher-Eck-Sattel – wenige Minuten zum Laufbacher Eck (2179 m), dem Knotenpunkt mehrerer Grate (Erfrischungsgetränkbehälter der Bergwacht) – auf der Ostseite am Fuße von Rotkopf und Schneck 300 Höhenmeter hinunter zur Zwerchwand – bei der Wegteilung rechts (südlich) bergauf über den Himmelecksattel (2007 m) zum Mitteleck (1835 m) – hinab zur Wildenfeld-Hütte □ – rechts (westlich) zur Käser-Alpe (1400 m) – über den Stuiben-Wasserfall und die Untere Guten-Alpe zum Oytal-Haus (1009 m) – talauswärts nach Oberstdorf.
*Bitte beachten:* Beim Abstieg vom Laufbacher Eck sind auf den Schneeresten oftmals Steigeisen und Pickel erforderlich; Kinder gehören vorsichtshalber ans Seil!

### [e] Abstieg über die Wengen-Alpe zum Giebel-Haus

Leicht
Gehzeit: $3\frac{1}{2}$–4 Stunden

***Ausgangspunkt:*** Nebelhornbahn-Bergstation oder Edmund-Probst-Haus
***Wegverlauf:*** Von der Bergstation ostwärts hinauf auf den Kamm zwischen Nebelhorn und Zeiger – auf der Ostseite talwärts über die verfallene Obere Wengen-Alpe zum Wengenbach – am Bach rechts über die Bäch-Hütte □ zur Unteren Wengen-Alpe (1405 m) □ – (Abstecher zur Plättele-Alpe, 10 Minuten Gegenanstieg) – im Obertal talauswärts über den Engeratsgundhof (1156 m) hinunter zum Giebel-Haus Ⓗ – mit Bus über Hindelang und Sonthofen nach Oberstdorf.
*Bitte beachten:* Wege nicht verlassen; Gefahr im Schrofengelände!

### [f] Zum Großen Daumen (2280 m)

Leicht, Ausdauer erforderlich
Gehzeit: 5 Stunden

***Ausgangspunkt:*** Nebelhornbahn-Bergstation oder Edmund-Probst-Haus
***Wegverlauf:*** Von der Bergstation nordostwärts hinauf auf den Kamm vor dem Wengenkopf – (Auffahrt hierhier auch mit dem Sessellift möglich) – am Fuße der Wengenköpfe bergab-bergauf, stets auf die Markierung achtend (Stangen und

rote Punkte) durch die Steinwüste des Koblat bis zum zweiten Laufbichelsee – links (nördlich) hinauf zur Kante und auf dem »Glasfeld« zum Daumengipfel. Abstieg auf dem Grat (nicht ganz leicht) Richtung kleiner Daumen – in der Scharte rechts steil hinunter zum Engeratsgundsee – leichter: vom Daumen zurück zum Laufbichelsee – dann links (nordostwärts) zum Engeratsgundsee – von der Südostecke des Sees südlich über Gundles-Hütte □, Käser-Alpe □ und Engeratsgundhof ⌂ zum Giebel-Haus – ☗ Ⓗ (1060 m) mit Bus über Hindelang nach Oberstdorf.
*Bitte beachten:* Vorsicht bei Nebel! Unterwegs keine Schutzhütte!

### [g] Hindelanger Klettersteig (2200 m)

Schwer
Gehzeit: 7–8 Stunden

***Ausgangspunkt:*** Nebelhornbahn-Bergstation ☗ oder Edmund-Probst-Haus ⌂
***Wegverlauf:*** Vom Nebelhorngipfel wenige Meter in Richtung Mittelstation – am Gipfelhang ostwärts zum Einstieg am Westlichen Wengenkopf – ca. 6 km auf dem Grat nordostwärts ständig bergauf-bergab zum Großen Daumen (besonderes Erschwernis ist der stetige Wechsel zwischen Fels und erdiger Grasnarbe, rutschigem und gefrorenem Boden).
Abstieg über das Koblat zurück zum Nebelhorn oder über den Engeratsgundsee zum Giebel-Haus ☗.
Notabstiege ins Koblat sind möglich: bei der großen Leiter an der plattigen Verschneidung, nach dem Östlichen Wengenkopf und auf Höhe des kleinen Laufbichelsees.
Evtl. Fortsetzung der Klettertour über Kleinen Daumen – »Die Schneid« – Hohe Gänge zum Breitenberg – Abstieg nördlich über Häblesgund – oder südlich über die Älpe-Alpe □ hinunter nach Hinterstein (4 Std.).

## 6 Hahnenkopf (1735 m)

Leicht
Gehzeit: 5–5 $^{1}/_{2}$ Stunden

***Ausgangspunkt:*** Oberstdorf **(Bf)** Ⓗ [P]
***Wegverlauf:*** Von der Mühlenbrücke auf der Fahrstraße über den Kühberg ☗ oder auf dem Fußweg Nr. 10 über Café Jägerstand und Dr.-Hohenadel-Weg ins Oytal – wenige Meter nach dem Oytal-Haus ☗ rechts (südlich) im Lugenwald steil hinauf über die Lugen-Alpen □ zum Hahnenkopf (1735 m).
Abstieg südwestlich im Latschenhang über das verfallene Gerstrubner Älpele nach Gerstruben (1154 m) ☗ – im Hölltobel (sehenswerte Schlucht) hinunter ins Trettachtal – talauswärts – bei der Zwingbrücke links auf bezeichnetem Weg über den Moorweiher (Badegelegenheit) nach Oberstdorf.

## 7 Hornbachjoch (2020 m)

Mittelschwer, Ausdauer erforderlich
Gehzeit: 7 1/2 Stunden

*Ausgangspunkt:* Oberstdorf **Bf** Ⓗ 🅿
*Wegverlauf:* Von Oberstdorf auf der Oytalstraße ins Oytal – über Oytal-Haus ☗, Guten-Alpe ⌂ zur Käser-Alpe (1400 m) ⌂ – hier ostwärts steil hinauf zur Wildenfeld-Hütte (1692 m) □ – an der Hütte rechts auf dem zur Kemptner Hütte führenden Weg, unter dem Massiv des Kleinen Wilden südlich ansteigend – bei der Wegteilung links (südostwärts) hinauf zum Hornbachjoch (2020 m) zwischen den Höllhörnern (links) und der Jochspitze (rechts).
Abstieg zurück bis zur ersten Wegteilung – links (südlich) hinauf zum Eissee (1826 m) – weiter aufwärts zum Seichereck auf der Kreuzeck-Nordrippe – rechts (nordwestlich) auf dem Kamm hinunter zum Älpelesattel (1780 m) – wahlweise links über die Dietersbach-Alpe (1325 m) ⌂ im Gerstrubner Tal – oder rechts über die Käser-Alpe (1400 m) ⌂ ins Oytal hinaus nach Oberstdorf.

# 10 Das Tannheimer Tal

Zu allen Jahreszeiten kommen die Gäste aus nah und fern ins Tannheimer Tal. Das etwa 15 km lange, 1100–1150 m hoch gelegene Tiroler Tal lockt mit herrlichen Wiesen, Wäldern, romantischen Seen, Hügeln und beachtenswerten Bergen. Obwohl die Gipfel meist unter der Zweitausendmetermarke bleiben, bilden sie doch für Wanderer und Kletterer ein lohnendes Ziel. Die hintereinander aufgereihten Dörfer Schattwald, Zöblen, Tannheim, Grän, Haldensee, Haller und Nesselwängle sind von deutscher wie von österreichischer Seite gleich gut erreichbar. Aus dem Allgäu gelangt man ab Sonthofen auf der B 308 über Hindelang und übers Oberjoch zur Grenze, und von der Tiroler Seite fährt man über Reutte und den Gaichtpaß in das Hochtal. Eine weitere, sehr romantische Anfahrt verläuft von Pfronten durchs Engetal nach Grän. Selten geworden ist die Bezeichnung »Außerfern«, die man früher für das Land weit draußen vor dem Fernpaß gebrauchte. – Mittelpunkt und größte Siedlung des Tals ist Tannheim, wo ursprünglich einmal der Tannenwald bis in die Niederungen herunterreichte. – Wenn man vom Allgäuer Oberjoch ins Tannheimer Tal kommt, fällt einem linker Hand ein bescheidener »Einsiedler« auf, der Einstein. Seiner Abgeschiedenheit verdankt man die wohltuende Einsamkeit beim Wandern; auch die vielen bunten Alpenblumen, die es hier gibt. Darüber hinaus ist er aber auch ein historischer Berg, denn im Dreißigjährigen Krieg, als die Schweden den Einsteingrat erreichten und die im Tal zur Abwendung der Kriegsgefahr veranstaltete Prozession gewahr wurden, ergriffen sie panikartig die Flucht. Sie hielten die Prozession mit wehenden Fahnen für einen Truppenaufmarsch. Somit blieb das Tal vom Krieg verschont. – Ganz im Gegensatz zum Einstein geht es auf dem Füssener Jöchle recht lebhaft zu. Kein Wunder: Die längste Doppelsesselbahn Europas bringt jede Menge sonnenhungrige Touristen herauf. Auch erfreuen sich die weitläufigen Wanderwege in diesem Gebiet größter Beliebtheit. Nicht viel ruhiger ist es auf der Roten Flüh und rund um die Tannheimer Gruppe. Die Rote Flüh, der eigenartige, gelbgefärbte Gebirgsstock hoch über dem Haldensee, lockt Wanderer ebenso an wie Kletterer der »gehobenen« Schwierigkeitsgrade. Übrigens bildete der Haldensee einst eine unüberwindliche Barriere und teilte das Tal in zwei Hälften. – Die Gehrenspitze, ein kühn geformter Gipfel aus Wettersteinkalk, wird oft als Wahrzeichen des Reuttener Talkessels bezeichnet. Doch jeder Berg des Tannheimer Tals hat seine besondere Schönheit: Bei der Krinnenspitze begeistert der Schwalbenwurz-Enzian, der sich unterhalb des Sessellifts über die Wiese verteilt. Ein Genuß sind auch die Wandermöglichkeiten und die zahlreichen Bergseen oberhalb des Vilsalpsees bis hinüber zu dem bei der Gebirgsbildung durch natürliche Stauung entstandenen Allgäuer Schrecksee.

Sehenswertes am Weg

***Reutte i. Tirol:*** *Heimatmuseum, Franziskanerkirche*
***Wängle:*** *Barockkirche*

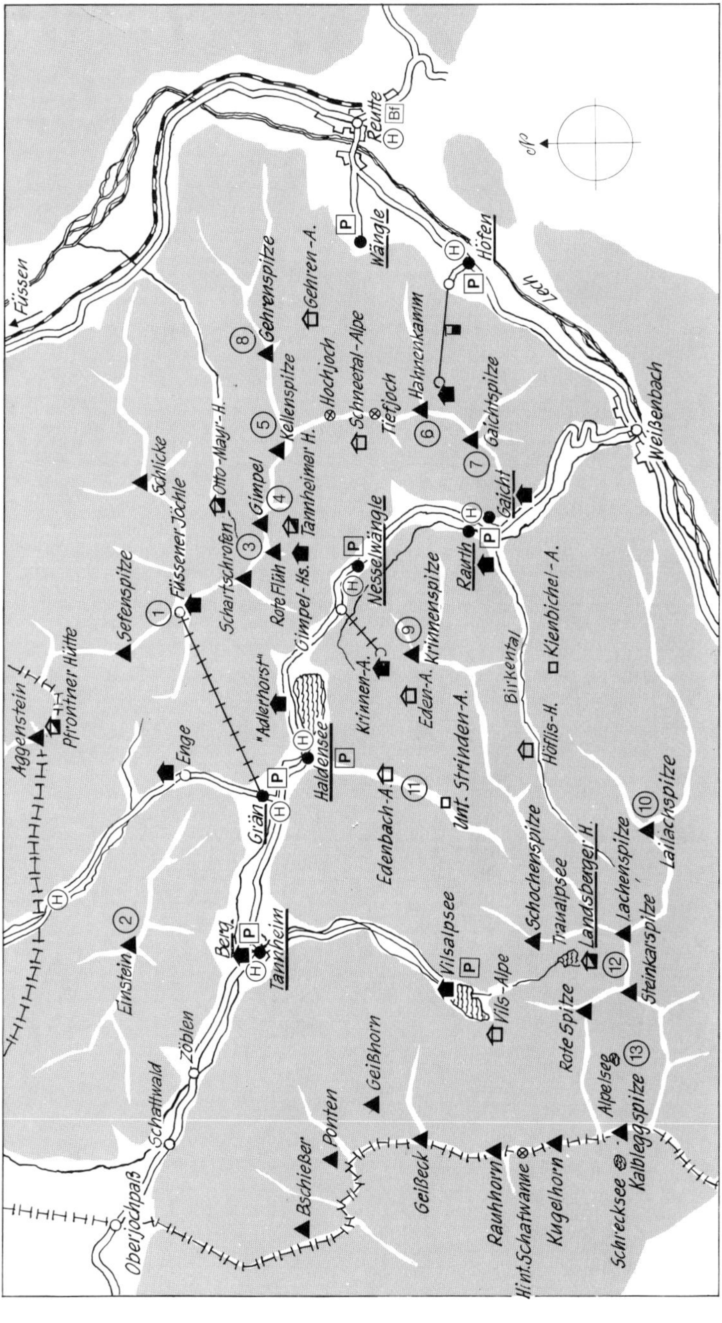

Füssen
Reutte
Bf
Wängle
Höfen
Lech
Weißenbach
Gehrenspitze
Gehren-A.
Hochjoch
Schneetal-Alpe
Tiefjoch
Hahnenkamm
Gaichtspitze
Gaicht
Kellenspitze
Gimpel
Tannheimer H.
Otto-Mayr-H.
Schartschrofen
Rote Flüh
Gimpel-Hs.
Nesselwängle
Rauth
Krinnenspitze
Kleinbichel-A.
Birkental
Krinnen-A.
Eden-A.
Füssener Jöchle
Schlicke
Sefenspitze
Aggenstein
Pfrontner Hütte
"Adlerhorst"
Haldensee
Enge
Grän
Edenbach-A.
Unt. Strinden-A.
Höflis-H.
Lailachspitze
Schochenspitze
Landsberger H.
Lachenspitze
Traualpsee
Edenbach-A.
Einstein
Berg
Tannheim
Vilsalpsee
Vils-Alpe
Steinkarspitze
Rote Spitze
Zöblen
Schattwald
Geißhorn
Alpelsee
Kalbleggspitze
Ponten
Bschießer
Geißeck
Rauhhorn
Hint. Schafwanne
Kugelhorn
Schrecksee
Oberjochpaß
1
2
3
4
5
6
7
8
9
10
11
12
13

# *10* Das Tannheimer Tal

## 1 Füssener Jöchle (1816 m)

### [a] Gräner Höhenweg (1816 m–1987 m)

Leicht bis mittelschwer
Gehzeit: $4\frac{1}{2}$ Stunden

*Ausgangspunkt:* Grän (H) [P]
***Wegverlauf:*** Von Grän Bergfahrt mit der Doppelsesselbahn auf das Füssener Jöchle (1816 m) – ab Bergstation Sonnenhalde auf dem bezeichneten Gräner Höhenweg nordwestlich kurzer Aufstieg auf das Joch zwischen Lumberger Grat (links) und Sefenspitze (rechts) – in gleicher Richtung 150 Hm hinunter (bei Nässe schmieriger Lehmboden!) in die große bergumrahmte Weidefläche der Seben-Alpe – an der Hütte geradeaus nur gering bergauf-bergab Richtung Aggenstein – kurzer Anstieg zur Grenztafel am »Bösen Tritt« und zur Pfrontner Hütte (1788 m) – am Südhang des Aggensteins mäßig steil bergauf zur Ostschulter des Bergs – auf den letzten Metern leichte Kletterei am Drahtseil hinauf zum Gipfelkreuz (1987 m).
Abstieg zurück zur Pfrontner Hütte – bei der Wegteilung an der Grenztafel unterhalb der Hütte nach rechts (südlich) hinunter ins Engetal – über Lumberg zum Ausgangspunkt.

### [b] Vom Füssener Jöchle zum Schartschrofen (1973 m)

Leicht
Gehzeit: 4 Stunden

*Ausgangspunkt:* Grän (H) [P]
***Wegverlauf:*** Von Grän mit der Doppelsesselbahn auf das Füssener Jöchle (1861 m) – ab Bergstation Sonnenhalde südostwärts, am Osthang der Läuferspitze zum Reintaler Joch – am Joch rechts im Bogen nach Süden zum Hallergernjoch (1853 m) – kurzer Aufstieg zum Schartschrofen (1973 m).
Abstieg zurück zum Hallergernjoch – am Joch links, talwärts, über die Gessenwang-Alpe (verfallen), dem Wegweiser folgend zum »Adlerhorst« hoch überm Haldensee – nordwestlich kurz bergauf – auf dem Forstweg bis zum Logbach – an der linken Bachseite talwärts zum Ausgangspunkt.

### [c] Friedberger Steig vom Schartschrofen zur Roten Flüh (2111 m)

Klettersteig, nur für Geübte
Gehzeit: $\frac{3}{4}$–1 Stunde

*Ausgangspunkt:* Grän (H) [P]
***Wegverlauf:*** Der Klettersteig schließt die Verbindung zwischen Gräner Höhenweg und Tannheimer Gruppe: vom Schartschrofen an der gesicherten Steiganlage senkrecht 50 m hinunter in die Gelbe Scharte – am Gilmenkopf vorbei zum Nordwestgrat der Roten Flüh – auf einem Felsband an der Südwestwand ziemlich ausgesetzter Steig zum Gipfel der Roten Flüh (2111 m).
Nächster Stützpunkt: Tannheimer Hütte (1760 m) und Gimpel-Haus (1720 m).

### [d] Vom Füssener Jöchle zur Schlicke (2060 m)

Mittelschwer
Gehzeit: 5 Stunden

*Ausgangspunkt:* Grän (H) [P]
*Wegverlauf:* Von Grän mit der Doppelsesselbahn zum Füssener Jöchle (1816 m) – ab Bergstation Sonnenhalde ☗ südostwärts zum Reintaler Joch – an der Scharte links (ostwärts) zunächst abwärts, dann am Südhang des Hahnenkopfes links haltend ansteigend zur Vilser Scharte (1816 m) – am Fuße der Kleinen Schlicke ostwärts hinüber zum Südhang der Großen Schlicke – bei der Wegteilung links steil in Serpentinen hinauf zum Gipfel (2060 m).
Abstieg südlich unverfehlbar hinunter zur Otto-Mayr-Hütte (1530 m) ⌂ im Reintal.
Rückweg westlich hinauf zum Hallergernjoch (1853 m) – vom Joch westlich talwärts über die Gessenwang-Alpe (verfallen) zum »Adlerhorst« ☗ – nordwestlich zum Logbach – links am Bach entlang hinunter nach Grän.

## 2 Einstein (1867 m)

Leicht
Gehzeit: 4 Stunden

*Ausgangspunkt:* Tannheim i. Tirol (H) [P]
*Wegverlauf:* Von Tannheim nördlich zum Ortsteil Berg ☗ [P] – von dort nördlich, mehrmals den Alpwirtschaftsweg kreuzend, über die Weideböden des Berger Berges zu den Schrofen der Steinswand – auf markiertem Pfad rechts hinauf zur Ostschulter des Einsteins – links, auf dem breiten Rücken hinauf zum Gipfel (1867 m).
Abstieg wie Aufsteig – oder von der Ostschulter links (nördlich) über den Mittelberg (1547 m) im Wald hinunter zur deutsch/österreichischen Grenzstation im Engetal (H) – Bus über Grän nach Tannheim.

## 3 Rote Flüh (2111 m)

Leicht, ab Judenscharte Trittsicherheit erforderlich
Aufstieg: 3 Stunden
Abstieg: $2^1/_2$–3 Stunden

*Ausgangspunkt:* Nesselwängle (H) [P]
*Wegverlauf:* Vom [P] am westlichen Ortsrand 200 m bergwärts – rechts, oberhalb von Nesselwängle bis zum Wegweiser »Gimpel-Haus« – links, rot markiert, im Wald steil hinauf zur Bergwachtstation Gimpel-Haus (1720 m) ☗ – Tannheimer Hütte (1760 m) ⌂ ($^1/_4$ Stunde ostwärts davon) – vom Gimpel-Haus/Tannheimer Hütte nördlich in das Gimpelkar – links durch das Geröllfeld aufwärts zur Judenscharte (2000 m) – links, kurze drahtseilgesicherte Steiganlage über eine Felsplatte, danach auf Grasboden zum Gipfelkreuz.
Abstieg wie Aufstieg – oder von der Judenscharte am Fuße der Gimpel-Südwand ostwärts über die Nesselwängler Scharte zur Wegteilung unter dem Sa-

bachjoch – rechts, auf dem bezeichneten Alpenrosenweg talwärts nach Nesselwängle.
*Bitte beachten:* Am Gipfelaufbau unschwierige Kletterei, jedoch Trittsicherheit erforderlich.

## 4 Gimpel (2176 m)

Mittelschwer
Gehzeit: 5–6 Stunden

***Ausgangspunkt:*** Nesselwängle Ⓗ [P]
***Wegverlauf:*** Wie bei Tour 3 zum Gimpel-Haus oder zur Tannheimer Hütte – nördlich zur Gimpel-Südwand – blau markierter Einstieg an der Stelle, wo sich die Grasnarbe bis zum Geröllfeld herunterzieht – auf sehr steilem, mit Schotter durchsetztem Grashang den Steigspuren folgend hinauf zum Bergrücken – links (westlich) auf dem Kamm zum Gipfel.
Abstieg wie Aufstieg (verlangt äußerste Vorsicht!).
*Bitte beachten:* Sehr steiler Grasboden, bei Nässe gefährlich!

## 5 Kellenspitze (2240 m)

Mittelschwer
Gehzeit: 6 Stunden

***Ausgangspunkt:*** Nesselwängle Ⓗ [P]
***Wegverlauf:*** Vom [P] am westlichen Ortsrand auf bezeichnetem Weg hinauf zum Gimpel-Haus (1720 m) – oder zur Tannheimer Hütte (1760 m) – nördlich hinauf zur Nesselwängler Scharte (2007 m) zwischen Gimpel (links) und Kellenspitze (rechts) – von der Scharte aus wird der abschreckende Westgrat umgangen – der Pfad führt auf der Nordseite des Bergs auf einem Grashang hinauf zu »Lenzles Anstand« und gleich hinunter in eine schauderhafte Geröllrinne, die auf einem schmalen Band vorsichtig überquert wird – auf der anderen Seite der Rinne leitet die Steigspur rechts über Schrofen und Platten hinauf zum Kamin – der als Hindernis eingeklemmte Felsblock wird mit Hilfe eines Eisentritts und Eisengriffen überwunden – in der Rinne weiter zur Scharte – danach unbeschwerlich auf dem Grat zum Gipfel.
Abstieg wie Aufstieg – oder an der Nesselwängler Scharte nach rechts (nördlich) sehr steil hinunter zur Otto-Mayr-Hütte (1530 m) im Reintal – von der Hütte westlich hinauf zum Füssener Jöchle (1816 m) – Talfahrt mit der Sesselbahn nach Grän – Bus nach Nesselwängle.

## 6 Hahnenkamm (1938 m)

Leicht
Gehzeit: 3–4 Stunden

***Ausgangspunkt:*** Höfen bei Reutte i. Tirol Ⓗ [P]
***Wegverlauf:*** Von Höfen mit der Reuttener Bergbahn Auffahrt zur Bergstation (1733 m) – nördlich zu dem von der Bergwacht angelegten Alpenblumen-

garten – westlich hinauf zum Hahnenkammgipfel (1938 m) – nördlich hinab zum Tiefjoch (1717 m) – leicht ansteigend weiter über das Hochjoch (1754 m) – links haltend am Fuße der Schneidspitze und Kellenspitze zur Nesselwängler Scharte – links, talwärts über das Gimpel-Haus ☗ hinunter nach Nesselwängle ☗ Ⓗ – mit Bus über Weißenbach zum Ausgangspunkt.

## 7 Gaichtspitze (1988 m)

Mittelschwer
Gehzeit: 5–6 Stunden

***Ausgangspunkt:*** Gaicht Ⓗ [P], an der Straße Nesselwängle – Weißenbach
***Wegverlauf:*** Vom [P] Ⓗ ostwärts in wenigen Minuten hinauf in den Weiler Gaicht ☗ – südlich durch den Ort bis zur neuen Kapelle – auf bezeichnetem Weg links (ostwärts) zunächst durch Wald, dann über freies Gelände hinauf zur Gaichtspitze (1988 m).
Abstieg an der Ostflanke des Gipfels – nördlich durch den Sattel zum Hahnenkamm (1938 m) – nördlich hinab ins Tiefjoch (1717 m) – links (nordwestlich) über die Schneetal-Alpe ⌂ im Bogen zum Kressebach – am Bach links, talwärts nach Nesselwängle, oberhalb der Straße südlich zum Ausgangspunkt.

## 8 Gehrenspitze (2164 m)

Mittelschwer
Aufstieg: 3 1/2–4 Stunden
Abstieg: 3 Stunden

***Ausgangspunkt:*** Wängle bei Reutte i. Tirol (Bf) Reutte Ⓗ [P]
***Wegverlauf:*** Vom Dorfplatz in Wängle auf dem bezeichneten Wängler Höhenweg westlich bis zum Feldkreuz am Luchseriß – rechts (nordwestlich) hinauf zur Gehren-Alpe (1611 m) ⌂ – in gleicher Richtung weiter zum Gehrenjoch (1858 m) – rechts (nordostwärts) auf dem mit schrofigem Fels durchsetzten Grashang steil hinauf zum Gipfel.
Abstieg wie Aufstieg – doch vor der Gehren-Alpe rechts (südlich) auf dem Alpenrosenweg über die Lechaschauer Alpe (1660 m) ⌂ und durch den Alpenblumengarten am Hahnenkamm zur Bergstation der Höfener Bergbahn ☗ ⌂ – Talfahrt mit der Seilbahn – oder zu Fuß hinunter zur Bergbahn-Talstation – 1/4 Stunde auf der Straße zum Ausgangspunkt.

## 9 Krinnenspitze (2000 m)

### [a] Aufstieg von Rauth

Leicht, Ausdauer erforderlich
Gehzeit: 6 Stunden

***Ausgangspunkt:*** Rauth, an der Gaichtpaßstraße zwischen Nesselwängle und Gaichtpaß Ⓗ [P]
***Wegverlauf:*** Von Rauth, an der mittleren Kapelle auf dem bezeichneten Enziansteig nordwestlich, mäßig steigend hinauf zur Krinnenspitze (2000 m).

Abstieg vom Gipfelkreuz westlich um die Krinnenspitze herum über die Nesselwängler Eden-Alpe (1672 m) ⌂ – auf dem Alpenrosensteig zur Krinnen-Alpe (1529 m) ☗ – an der Sesselbahn-Bergstation vorbei auf beschildertem Meranersteig im Plattenwald südostwärts hinunter zum Ausgangspunkt.

### b Über den Gamsbocksteig

Leicht
Gehzeit: 3 Stunden

*Ausgangspunkt:* Nesselwängle Ⓗ 🅿
*Wegverlauf:* Bergfahrt mit der Sesselbahn Krinnen-Alpe – ab Bergstation auf dem bezeichneten Gamsbocksteig am Latschenhang südlich hinauf zur Kelle, der Ostschulter der Krinnenspitze – auf dem Grashang hinauf zum breiten Bergkamm – westlich zum Gipfelkreuz, wobei nur eine kurze Gratpassage am Drahtseil zu überwinden ist (diese Stelle kann unbeschwerlich links umgangen werden).
Abstieg westlich zur Nesselwängler Eden-Alpe ⌂ – um die Krinnenspitze herum über die Krinnen-Alpe (1529 m) ⌂ zur Sesselbahn-Bergstation – Talfahrt mit der Sesselbahn – oder zu Fuß hinunter zum Ausgangspunkt.

## 10 Lailachspitze (2774 m)

### a Aufstieg vom Vilsalpsee

Schwer
Gehzeit: 6–7 Stunden

*Ausgangspunkt:* Vilsalpsee bei Tannheim i. Tirol Ⓗ 🅿
*Wegverlauf:* Vom 🅿 Vilsalpsee zur Jagdhütte am Ostufer – (200 m weiter am Seeufer zur Materialseilbahn, Rucksacktransport zur Landsberger Hütte möglich) – ab Jagdhütte auf bezeichnetem Weg südlich über den Traualpsee hinauf zur Landsberger Hütte (1810 m) ☗ – von der Hütte links (ostwärts) steil bergauf zum Lachenjoch (1900 m)/Schochensattel – am Osthang der Lachenspitze südlich die Gappenfelder Notländhänge querend durchs »Eiserne Gatter« – im Linksbogen an den schrofigen Südhängen der Krottenköpfe hinunter in den Sattel am Südwestgrat der Lailachspitze – links an den brüchigen Felszacken bis zur Geröllrinne – in der Rinne hinauf zur Scharte unterm Gipfel – von der Scharte leichte Kletterei im griffigen Fels nördlich zum Gipfel.
Abstieg wie Aufstieg.

### b Aufstieg durchs Birkental

Schwer
Aufstieg: 4 1/2–5 Stunden
Abstieg: 4–4 1/2 Stunden

*Ausgangspunkt:* Rauth ☗, an der Gaichtpaßstraße zwischen Nesselwängle und Gaichtpaß Ⓗ 🅿
*Wegverlauf:* Von Rauth ☗ westlich leicht steigend in das bewaldete Birkental bis zur Höflis-Hütte ⌂ – im spitzen Winkel links (ostwärts) zur Kienbichl-Alpe □

– nach der Hütte rechts (südlich) auf markiertem Steig über den Gampl hinauf ins Weißenbacher Notländerkar (2000 m) – im Kar westlich zur Geröllrinne – an der linken Seite der Rinne sehr steil, streng auf die Markierungspunkte achtend, auf Trittspuren hinauf zum Joch (2080 m) auf dem Nordgrat – links (südlich) am Grat entlang zum Gipfel.
Abstieg auf dem Südgrat zuerst in festem Fels, dann mäßig schwierig in der Geröllrinne hinunter in die Scharte – kurzer Gegenanstieg zum Ostrücken der wildzerhackten Krottenköpfe – auf der Südseite der schrofigen Krottenköpfe im Bogen durchs »Eiserne Gatter« nördlich durch das Gappenfeld hinüber zum Lachenjoch/Schochensattel (1900 m) – (Abstecher zur Landsberger Hütte und Wiederanstieg zum Joch möglich) – vom Lachenjoch (Wegweiser) rechts (ostwärts) hinunter ins Birkental – talauswärts über die Höflis-Hütte hinaus nach Rauth.

## 11 Saalfelder Höhenweg (2069 m)

Leicht bis mittelschwer
Gehzeit: 7–8 Stunden, nach Belieben ausdehnbar

*Ausgangspunkt:* Haldensee (H) [P]
*Wegverlauf:* Ab Ortsmitte südostwärts zum Geländeeinschnitt, aus dem der Strindenbach über einen Wasserfall den Berg verläßt – am Strindenbach über »Christl's Nur-Mut-Brückele« bachaufwärts zur Edenbach-Alpe (1405 m) – nach 1/4 Stunde an der Unteren Strinden-Alpe □ rechts (westlich) hinauf zur Oberen Strinden-Alpe (1682 m) – auf dem Alpwirtschaftsweg südlich über die Strindenscharte und Einmündung in den von Tannheim übers Neunerköpfle herführenden Weg zur Gappenfeldscharte (1850 m) – weiter auf dem Bergpfad ansteigend über steiler werdenden Grashang zur Schochenspitze (2069 m) – Abstieg über Schochensattel/Lachenjoch zur Landsberger Hütte (1810 m) – von der Hütte westlich unbeschwerlicher Anstieg zum Katenjoch – beim Wegeknotenpunkt links – auf dem mittleren Weg im Bogen nach Westen hinüber über die Kalbleggspitze (2000 m) zum Schreckenjöchle (1988 m) – Vereinigung mit dem Jubiläumsweg – rechts, hoch überm Schrecksee an der Westflanke von Knappenkopf und Kugelhorn zur Hinteren Schafwanne – an der Ostflanke des Rauhhorns zur Wegteilung unterm Geißeckjoch – rechts (ostwärts) steil hinunter zum Vilsalpsee (H) – mit Bus über Tannheim nach Haldensee.

## 12 Bergtouren um die Landsberger Hütte (1810 m)

### [a] Aufstieg zur Landsberger Hütte (1810 m)

Leicht
Gehzeit: 2–2 1/2 Stunden

*Ausgangspunkt:* Vilsalpsee bei Tannheim i. Tirol (H) [P]
*Wegverlauf:* Vom [P] Vilsalpsee zur Jagdhütte am Ostufer – an der Hütte links auf bezeichnetem Weg mäßig steigend über den Traualpsee (1631 m) hinauf zur Landsberger Hütte (1810 m). Abstieg wie Aufstieg.

### b Lachenspitze (2126 m)

Mittelschwer
Gehzeit: 2 1/2 Stunden

*Ausgangspunkt:* Landsberger Hütte
*Wegverlauf:* Von der Hütte südwestlich Richtung Kastenjoch – bei der ersten Abzweigung links unter dem Nordosthang der Steinkarspitze zum Steinkarjoch (2015 m) zwischen Steinkarspitze und Lachenspitze – auf der Südseite der Lachenspitze am Latschenhang links hinauf zum Gipfel.
Abstieg nordostwärts hinunter zum Lachenjoch/Schochensattel – am Joch links zur Landsberger Hütte.

### c Rote Spitze (2130 m)

Mittelschwer
Gehzeit: 2–2 1/2 Stunden

*Ausgangspunkt:* Landsberger Hütte
*Wegverlauf:* Von der Hütte auf dem Saalfelder Höhenweg südwestlich hinauf zum Kastenjoch (1980 m) – rechts (nordwestlich) steiler Gipfelanstieg.
Abstieg wie Aufstieg.

### d Schochenspitze (2069 m)

Mittelschwer
Gehzeit: 2–2 1/2 Stunden

*Ausgangspunkt:* Landsberger Hütte
*Wegverlauf:* Von der Hütte nordostwärts über den Schochensattel am steilen Grashang in Kehren hinauf zum Gipfel.
Abstieg wie Aufstieg, bei Nässe schwierig!

## 13 Höhenweg um die Bergseen Vilsalpsee, Traualpsee, Alpelsee und Schrecksee

Mittelschwer, Ausdauer erforderlich
Gehzeit: 6–7 Stunden

*Ausgangspunkt:* Vilsalpsee bei Tannheim i. Tirol (H) [P]
*Wegverlauf:* Vom [P] Vilsalpsee zur Jagdhütte am Ostufer – auf bezeichnetem Weg links hinauf über die Obere Trau-Alpe am Traualpsee zur Landsberger Hütte (1810 m) – rechts auf dem Landsberger Höhenweg über das Kastenjoch westlich oberhalb des kleinen Alpelsees zum Kirchdachsattel – hoch über dem Schrecksee auf dem Jubiläumsweg nördlich – an der Westflanke von Knappenkopf und Kugelhorn zur Hinteren Schafwanne – an der Ostflanke des Rauhhorns zur Wegteilung unter dem Geißeck – rechts (ostwärts) steil hinunter zur Vils-Alpe und zum Vilsalpsee .
*Bitte beachten:* Überschreitung Kugelhorn und Rauhhorn nur für Geübte!

# 11 Hinterer Bregenzerwald

Der Bregenzerwald ist eine harmonische Mittelgebirgslandschaft und besitzt als Teil der Vorarlberger Alpen gebietsweise alpinen bis hochalpinen Charakter. Aufgrund des Namens schließt man auf ein umfangreiches Waldgebiet. Seit der Besiedlung, die in der Mitte des 10. Jh. unter den Grafen von Bregenz erfolgte, wurde jedoch viele Jahrhunderte hindurch gerodet. – Der Bregenzerwald umfaßt das Gebiet der Bregenzer Ache vom Ursprung im Auenfeld am Hochtannberg bis zum Bodensee. Außerdem gibt es Zugänge vom Allgäu aus über Balderschwang nach Hittisau, vom Arlberg über Warth und den Hochtannbergpaß nach Schröcken und Schoppernau, vom Rheintal her über Innerlaterns und das Furkajoch und vom Großen Walsertal her über das Faschinajoch nach Damüls. Oder ganz einfach von der Vorarlberger Landeshauptstadt Bregenz, die dem gesamten Gebiet den Namen gab. – Die Bewohner des Hinteren Bregenzerwaldes nennen sich selbst »Hinterwälder«, was nichts mit Hinterwäldlern zu tun hat. Bereits im Mittelalter besaßen sie eine eigene Bauernrepublik. Als besonders eigenwilliger, freiheitlich gesinnter Menschenschlag und nicht zuletzt aufgrund der unwirtlichen Abgelegenheit ihrer Heimat konnten sie ihr Leben und ihre Gesetze selber bestimmen. Bis zum Jahre 1805 wurde der Landamann aus den Reihen der Bauern durch »Zulauf« gewählt; die Wahlberechtigten umringten ihren Favoriten und entschieden durch die erreichte Kopfzahl die Wahl. – Auf der Bezegg stand bis 1807 das Rathaus dieser frühen Republik. Die »Bezeggsul« – eine Gedenksäule bei Bezau – erinnert noch an den auf hohen Holzsäulen erbauten Tagungsraum. Er war der Landgemeinde nur über Außenleitern zugänglich, und die Versammelten wurden nicht eher wieder herausgelassen, bis sie sich über alle Tagungspunkte geeinigt hatten. – Brauchtum und Kunsthandwerk, insbesondere das Kunstschmiedehandwerk, haben sich im Bregenzerwald teilweise noch erhalten. Im 17. und 18. Jh. war das Dorf Au Mittelpunkt der Bauhandwerkerzunft, die bedeutende Künstler wie Michael und Franz Beer, Michael, Christian und Peter Thumb und Kaspar Moosbrugger hervorbrachte. Als bedeutendstes Werk des Baumeisters Peter Thumb gilt die als schönster sakraler Barockbau des Bodenseeraums gepriesene Klosterkirche Birnau bei Überlingen. – Die Häuser des »Waldes« ziert bäuerliche Bescheidenheit, typische Hausform ist der Einzelhof, Wohn- und Wirtschaftsgebäude sind unter einem Dach. – Als Wandergebiet hat der Bregenzerwald einige Superlative zu bieten. Damüls als höchstgelegene Gemeinde ist nur einer der vielen malerischen Ausgangspunkte zu traumhaft schönen Bergtouren.

Sehenswertes am Weg

***Adelsbuch:*** Pfarrkirche
***Au:*** Pfarrkirche (15. Jh.)
***Bezau:*** Heimatmuseum
***Damüls:*** Pfarrkirche (15. Jh.)
***Schopperau:*** Pfarrkirche, Franz-Michael-Felder-Dichterstube im Gemeindeamt
***Schröcken:*** Pfarrkirche

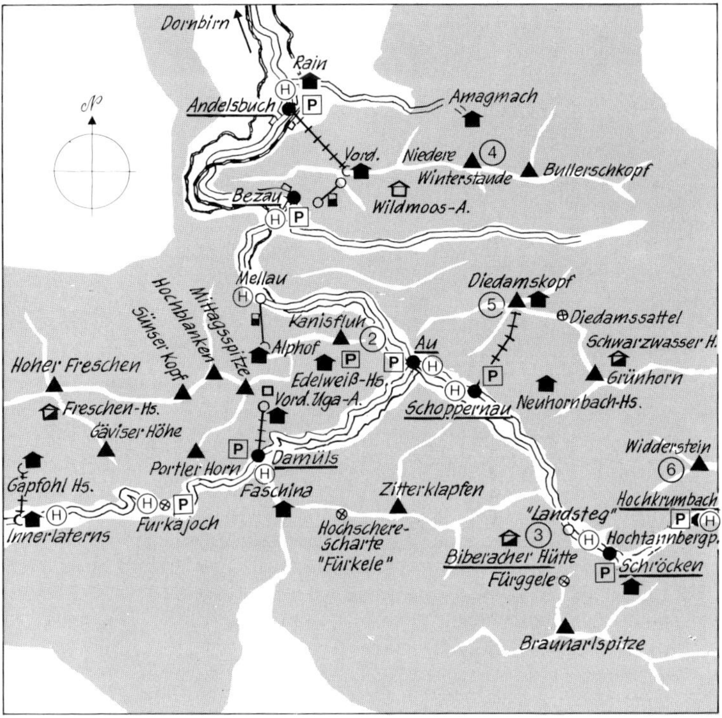


# 11 Hinterer Bregenzerwald

## 1 Damülser Berge

### a Damülser Mittagspitze (Trista) (2095 m)

Leicht, Gipfelaufstieg mittelschwer
Gehzeit: 4 1/2 Stunden,
mit Liftbenutzung 2 1/2 Stunden

*Ausgangspunkt:* Damüls Ⓗ [P]
*Wegverlauf:* Von der Ugalift-Talstation nördlich über Wallisgaden (1600 m) bergauf zur Lift-Bergstation (1783 m) und Vordere Uga-Alpe □ – auf dem Hochplateau über die weitläufigen Blumenmatten nur geringfügig ansteigend zum Gipfelaufbau – an der steilen Südostflanke der Mittagspitze in Serpentinen hinauf zum Grat – kurze, aber ausgesetzte Passage zum Gipfelkreuz.
Abstieg wie Aufstieg direkt nach Damüls – oder 1 1/2 Stunden länger, aber sehr lohnend vom Fuße der Mittagspitze nach Westen ausholend über den Hochblanken (2068 m) und Ragazerblanken (2051 m) zum Sünser Kopf/Hübscher Bühl (2032 m) – südlich über das Sünser Joch, stets links haltend an der Ostflanke des Portler Horns hinunter zur Sunnegg-Mühle und nach Damüls.

### b Höhenweg Damüls – Gäviser Höhe – Hoher Freschen (2004 m)

Mittelschwer (1 1/2 Tage)
Gehzeit Damüls – Hoher Freschen: 4 1/2–5 Stunden
Abstieg: 3–3 1/2 Stunden

*Ausgangspunkt:* Damüls Ⓗ
*Wegverlauf:* Mit Bus zum Furkajoch Ⓗ, mit PKW zum Großparkplatz [P], 500 m (nördlich) vor dem Furkajoch – vom Ⓗ bzw. [P] nördlich 1/4 Stunde zur Portla-Alpe – auf bezeichnetem und markiertem Pfad nördlich zum Portler Joch/Fürkele (1813 m) – bei der Wegteilung am Fürkele links (westlich) auf dem bezeichneten Weitwanderweg 201, E 4 alpin und Stechweideweg mäßig auf und ab am Nordhang des Gehrenfalen zur Gäviser Höhe (1788 m) – nordwestlich am Fuße der Hohen Matona bis zu deren Westschulter – dann links durch das Hochtal hinüber zum Freschen-Haus (1846 m) – Aufstieg nördlich zum Hohen Freschen (2004 m) – Abstieg zurück zum Freschen-Haus (3/4 Stunden).
Weiterer Abstieg vom Freschen-Haus südwestlich über den Lusbühel links zur Unteren Saluver-Alpe (1565 m) – an der Alpe rechts (südlich) über das Gapfohler Fürkele (1671 m) zum Gapfohl-Haus – mit der Sesselbahn hinunter nach Innerlaterns Ⓗ – Bus zum Furkajoch.

## 2 Kanisfluh (2044 m)

Leicht
Gehzeit: 5–5 1/2 Stunden

*Ausgangspunkt:* Au Ⓗ [P]

*Wegverlauf:* 50 m nördlich der Kirche über die Brücke zum Ortsteil Argenstein – westlich auf bezeichnetem Weg an zahllosen Heuhütten vorbei, mäßig steigend über das Berggut Ahorn und die Feuerstein-Alpe □ zum Edelweiß-Haus [P] (1495 m) (Autozufahrt) – vom Gasthaus westlich auf rot markiertem Pfad hinauf zum Sattel oberhalb der Obern-Alpe – Einmündung in den Mellauer Kanisfluhweg – rechts auf dem breiten Westgrat hinauf zur Holenke, dem Westgipfel der Kanisfluh (2044 m).
Abstieg südlich hinunter zum Sattel, dann rechts (westlich) über die Wurzach-Alpe (1622 m) zum Alphof /Bergstation der Mellauer Seilbahn – Talfahrt mit der Seilbahn nach Mellau – Bus nach Au.
*Bitte beachten:* Markierte Wege nicht verlassen!

## 3 Biberacher Hütte (1846 m)

### [a] Aufstieg zur Hütte

Leicht
Gehzeit: $2^{1}/_{2}$–$3^{1}/_{4}$ Stunden

*Ausgangspunkt:* Schröcken (H) [P] oder (H) »Landsteg« an der Straße 6,5 km ostwärts von Schoppernau, 2,5 km westlich von Schröcken (beschränkte Parkmöglichkeit)
*Wegverlauf:* Ab Schröcken talauswärts zum »Landsteg« an der Einmündung des Schandelsbachs in die Bregenzer Ache – ab »Landsteg« auf bezeichnetem und markiertem Weg über den Fluß und im Schandelstobel hinauf zur Biberacher Hütte.
Das Tourengebiet um die Biberacher Hütte umfaßt 27 Gipfel, von grünen Grashängen über unschwierige Wanderwege bis zu rassigen Klettersteigen und Übergängen ins Große Walsertal und ins Lechquellengebirge.

### [b] Hochschereweg nach Faschina (2013 m)

Schwer, im Mittelteil hochalpiner Steig nur
für Geübte oder mit Führer
Gehzeit: 6–7 Stunden

*Ausgangspunkt:* Biberacher Hütte
*Wegverlauf:* Von der Biberacher Hütte 200 m nördlich zum Schadonapaß – beim Wegweiser links (westlich) auf dem bezeichneten und rot/gelb markierten Hochschereweg (auch Weitwanderweg 601 und E 4) zur Oberen Ischkarnei-Alpe – bei der Wegteilung am Fuße des Schönebergs links zum Premigel-Bach – über den Bach hinunter zum tiefsten Punkt des Weges (1720 m) – an der Südflanke der Kunkelspitze rechts (stets westlich) unter dem Zitterklapfenmassiv hinauf zum Einstieg in die Hochscherescharte (2013 m) – (Ungeübte werden hier anhand einer Tafel nochmals zur Umkehr ermahnt; die kühne Steiganlage zum Fürkele erfordert Bergerfahrung) – vom Fürkele steil hinunter in die oft bis in den Sommer hinein mit Altschneeresten bedeckte Rinne – bei der Wegteilung am Nordostsporn des Hochscherekopfes links (nordwestlich) zur Zafera-Alpe (1702 m) – am Nordhang des Zafernhorns hinauf zum Gumpengrät-

le – links haltend über die Bartholomäus-Alpe ⌂ nach Faschina ⌂ (H) – Bus über Damüls zum »Landsteg« (H) und nach Schröcken.

### [c] Fürggeleweg – (Braunarlspitze, 2649 m) – Schröcken (1269 m)

Mittelschwer über das Fürggele nach Schröcken, schwer ab Weimarer Steig (I–II) zur Braunarlspitze
Gehzeit Biberacher Hütte – Fürggele – Schröcken: 4 1/2 Stunden
Gehzeit Braunarlspitze: 3 1/2–4 Stunden

*Ausgangspunkt:* Biberacher Hütte ⌂
*Wegverlauf:* Von der Biberacher Hütte auf bezeichnetem Weg südlich in die Mulde – leicht ansteigend zur Litl-Hütte □ – links (ostwärts) am Südhang des Rothorns leicht aufwärts zum Schafjöchle oberhalb der Lägerzun-Alpe – durch das Quellgebiet des Lutzbachs hinauf zum Hochbergsattel, dem sog. Braunarl-Fürggele (2145 m) – Geübte, Trittsichere und Schwindelfreie erklimmen ab Fürggele auf dem markierten, hochalpinen Weimarer Steig (I–II) die Braunarlspitze über den Nordgrat, wegen Firn und Eis auch im Sommer Eispickel hilfreich – Abstieg zum Fürggele.
Auf dem Normalweg vom Fürggele ostwärts steil hinunter zwischen den Wasserfällen vom Hochberg und Hochgletscher – unter dem linken Wasserfall an den Hängen des Hochbergs oberhalb des Fellbachs und der Hinteren Felle-Alpe □ bergab – an der Unteren Felle-Alpe □ vorbei hinaus nach Schröcken ⌂.

## 4 Winterstaude (1877 m)

### [a] Überschreitung des Kamms von West nach Ost

Mittelschwer, Ausdauer erforderlich
Gehzeit: 8–9 Stunden, mit Sesselbahnbenützung 6–7 Stunden

*Ausgangspunkt:* Andelsbuch (H) [P] (Treffpunkt der Paraglider)
*Wegverlauf:* Von Andelsbuch ostwärts zu den Andelsbucher Sesselliften [P] im Ortsteil Großmoos – Bergfahrt mit der Sesselbahn auf die Vordere Niedere (1586 m) ⌂ – ab Bergstation stets ostwärts auf dem karg bewaldeten Bergrücken über das Niedere Plateau (1711 m) zur Stonger Höhe-Alpe ⌂ – Wegteilung: Geübte steigen links hinauf zum Kamm – ausgesetzter Klettersteig 40 m hinunter zum Hasenstrick – auf dem Grat hinauf zum Gipfel – nicht Schwindelfreie gehen an der Hütte ostwärts bis zur Materialseilbahn – unter der Trasse links am Grashang hinauf zum Gipfel – vom Winterstaudengipfel auf markiertem Pfad steil ostwärts hinab in den Bühler Sattel – Gegenanstieg auf die Hohe Kirche (1747 m) – unbeschwerlich weiter zum Bullerschkopf (1761 m) – Abstieg links (nördlich) über die Alpen Isewart □, Falz □ Eggatsberg ⌂ nach Amagmach ⌂ – westlich über Gülkewies, Schwende, Ebervorsäß und Ebenwald hinaus nach Rain ⌂ – links (südlich) über Heidegg zum Ausgangspunkt Andelsbuch.

[b] Aufstieg von Süden

Leicht
Gehzeit: 6 Stunden

*Ausgangspunkt:* Bezau Ⓗ [P]
*Wegverlauf:* Von der Ortsmitte nordostwärts zum Ortsteil Oberhalden – an der Kapelle in der selben Richtung auf rot-weiß markiertem Weg gleichmäßig steigend über die Holderegg-Alpe (1215 m) □, Wildmoos-Alpe □ und Stongen-Alpe ⌂ zur Zwischenstation der Materialseilbahn – unter der Trasse am Südhang in Serpentinen hinauf zum Gipfel.
Abstieg zurück zur Wildmoos-Alpe – westlich zur Mittelstation der Bezauer Bergbahn an der Baumgartenhöhe ⌂ – Talfahrt mit der Kabinenbahn.

## 5 Diedamskopf (2090 m) – Schwarzwasser-Hütte (1651 m)

Leicht
Gehzeit: 5–6 Stunden

*Ausgangspunkt:* Schoppernau Ⓗ [P]
*Wegverlauf:* Von Schoppernau mit der Sesselbahn auf den Diedamskopf ⌂ – vom Gipfel südostwärts hinunter über den Diedamssattel, das Kreuzle, zum Gerachsattel (1752 m) – ostseitig bergab zur Schwarzwasser-Hütte (1651 m) ⌂ – Aufstieg südlich zur Ochsenhofer Scharte (1851 m) – von der Scharte entweder rechts über das Grünhorn (2039 m) oder eben hinüber zum Starzeljoch – auf bezeichnetem Weg westlich über das Neuhornbach-Haus (1650 m) ⌂ talwärts nach Schoppernau.

## 6 Widderstein (2533 m)

Mittelschwer
Aufstieg: 3 Stunden
Abstieg: 2 Stunden

*Ausgangspunkt:* Hochkrumbach am Hochtannbergpaß Ⓗ [P]
*Wegverlauf:* Ab Berghaus Adler (1700 m) ⌂ auf bezeichnetem Weg nördlich über die grünen Matten, teils auf Treppenstufen, steil hinauf zur Oberen Widderstein-Alpe (2009 m) ⌂ – von der Hütte nordwestlich zum Fuße des Felsmassivs – Einstieg in die riesige, schluchtartige Steilrinne – in der Rinne unbedingt der roten Punktmarkierung folgend hinauf zur Westschulter – auf kurzem Gratstück rechts zum Gipfelkreuz.
Abstieg wie Aufstieg.
*Bitte beachten:* Vorsicht bei Schneeresten in der Rinne; Lostreten von Steinen vermeiden; durchwegs Steinschlaggefahr!

# 12 Ostallgäuer Berge

Wer mit der Seilbahn von Schwangau aus auf den Tegelberg hinaufschwebt und ein bißchen romantisch veranlagt ist, kommt angesichts der Märchenlandschaft ringsum sicherlich ins Schwärmen – und dies nicht nur wegen Schloß Neuschwanstein, der Märchenburg König Ludwigs II. Wälder, Berge und zahlreiche Seen bilden den einzigartigen Reiz des landschaftlich so abwechslungsreichen Winkels zwischen den Ostallgäuer und Ammergauer Bergen. Im Blickfeld liegen rund um den mit Lechwasser angestauten Forggensee der Bannwaldsee, Hopfensee, Weißensee, ferner beim Schloß Hohenschwangau der Schwansee sowie der Alpsee, und westlich von Bad Faulenbach versteckt sich noch der sagenumwobene, tiefgründige Alatsee. – An Füssens Hausberg, dem Säuling, und dem Ammergebirge trennt sich die im Allgäu vorherrschende Gesteinsform des Hauptdolomit von dem in zwei Gebirgszügen nach Osten verlaufenden Wettersteinkalk. Dieses Gestein, das sich über das Wetterstein- bis zum Karwendelgebirge ausdehnt, gehört mit seinem weiß- bis blaugrauen Farbton zum Merkmal der Bayerischen Alpen. Seine volle Pracht entfaltet der Wettersteinkalk beim Alpenglühen. Der Gebirgszug von Füssen nach Westen hinüber über den Falkenstein bis zur Alpspitz bei Nesselwang ist der Kreideschicht zuzuordnen. Diese geologische Mannigfaltigkeit und die Verquickung der Gesteinszonen von Muschelkalk, Wettersteinkalk, Hornsteinkalk, Hauptdolomit, Flysch, Kreide bis zu Molasse usw. ist auch ausschlaggebend für die sich vom Geißhorn bis zum Tegelberg stets ändernde, herrliche Flora. – Auch geschichtlich ist diese Region interessant. Den Grundstein zur historischen Stadt Füssen hat der Heilige Magnus gelegt. Sein Lehrmeister, der Heilige Gallus, hatte ihn von St. Gallen nach Osten geschickt, um den Heiden zwischen Iller und Lech den christlichen Glauben zu verkünden und das Land zu kultivieren. Magnus gründete das berühmte Benediktinerkloster. Viele Bauten und landschaftliche Besonderheiten von Kempten bis Füssen erinnern an den heiligen Missionar, z. B. in Füssen die St.-Mang-Kirche und der Mangfall (Lechfall), in Pfronten die Mangsäule und der St.-Magnus-Acker zwischen Breitenberg und Aggenstein. – Westlich von Füssen zieht sich der Saloberrücken nach Pfronten und südlich davon der mächtige Gebirgszug der Vilser Gruppe bis zum kühngeformten Aggenstein. Dem Breitenberg zu Füßen breitet sich die aus 13 Dörfern bestehende Gemeinde Pfronten aus mit ihrem auffallend schlanken Kirchturm. Die Eigenart und Großartigkeit des im ehemaligen Lechseebecken liegenden Ortes läßt sich am besten von der Hoch-Alpe, die mit der Kabinenbahn ab Pfronten-Steinach zu erreichen ist, betrachten.

Interessantes am Weg

***Füssen:*** Hohes Schloß, Stiftskirche, Altstadt
***Hohenschwangau:*** Königsschlösser
***Pfronten-Berg:*** Pfarrkirche, Reichenbachschlucht

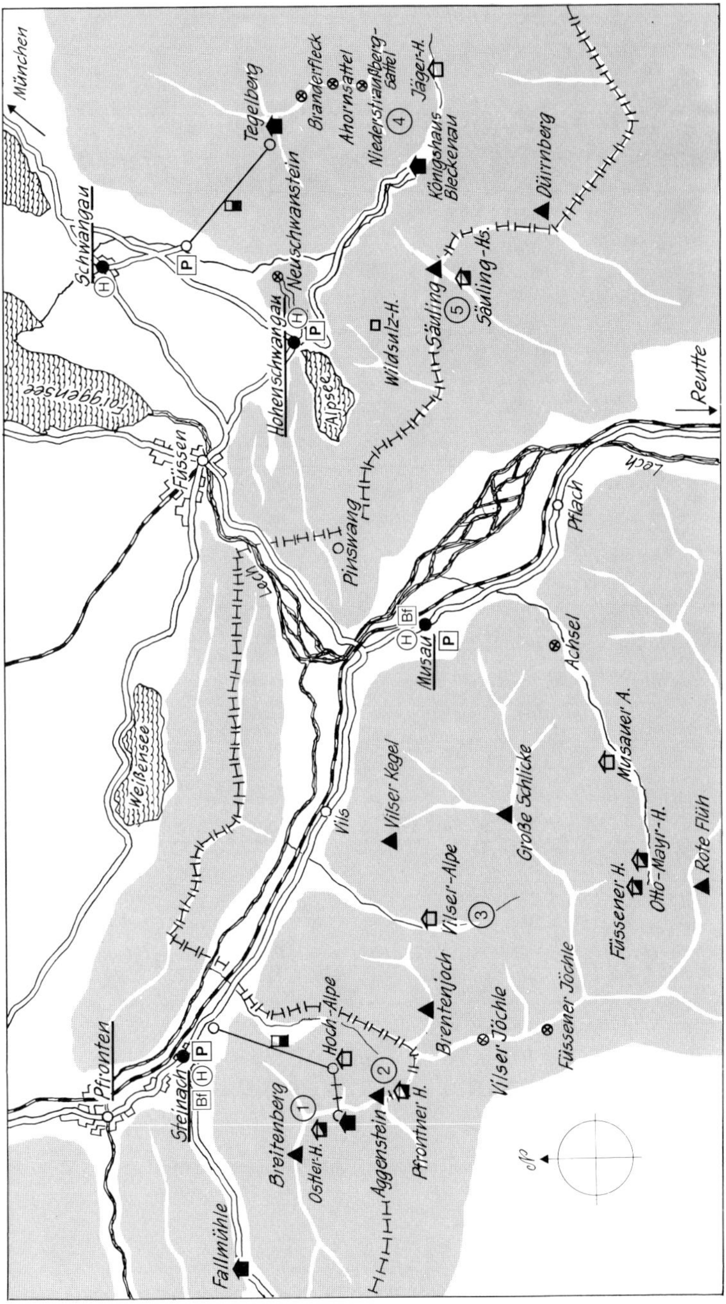
München
Schwangau
Tegelberg
Branderfleck
Ahornsattel
Niederstraußberg-Sattel
Jäger-H.
Königshaus Bleckenau
Neuschwanstein
Hohenschwangau
Alpsee
Forggensee
Füssen
Wildsulz-H.
Säuling
Säuling-Hs.
Dürrnberg
Reutte
Lech
Pflach
Pinswang
Musau
Achsel
Musauer A.
Weißensee
Vils
Vilser Kegel
Große Schlicke
Vilser-Alpe
Rote Flüh
Otto-Mayr-H.
Füssener H.
Füssener Jöchle
Vilser Jöchle
Brentenjoch
Hoch-Alpe
Pfrontner H.
Aggenstein
Breitenberg
Ostler-H.
Pfronten
Steinach
Fallmühle
1
2
3
4
5
Bf
H
P

# 12 Ostallgäuer Berge



## 1 Breitenberg (1821 m)

Leicht
Gehzeit: 5–5 1/2 Stunden

*Ausgangspunkt:* Pfronten-Steinach **(Bf)** Ⓗ Ⓟ
*Wegverlauf:* Vom Wanderparkplatz Pfronten-Steinach auf dem bezeichneten Weg Nr. 1 unter der Bergbahntrasse hinauf zur Hoch-Alpe (1500 m) ⌂ – (oder Bergfahrt mit der Kabinenbahn) – ab Bergstation ⌂ und Hoch-Alpe ⌂ – südwestlich (auch Sessellift) weiter zum St.-Magnus-Acker, dem Sattel zwischen Aggenstein und Breitenberg – vom Sattel rechts (nördlich), rot markiert, zur Ostler-Hütte ⌂ auf dem Breitenberg (1821 m).
Abstieg westlich auf dem langgezogenen Bergrücken bis zum Ende desselben, dann rechts (nördlich) steil hinunter ins Achtal zur Fallmühle (926 m) ⌂ – links der Achtalstraße talauswärts nach Pfronten.

## 2 Aggenstein (1987 m)

Leicht bis mittelschwer
Gehzeit: 6–6 1/2 Stunden, mit Seilbahnbenützung 2 Stunden weniger

*Ausgangspunkt:* Pfronten-Steinach **(Bf)** Ⓗ Ⓟ
*Wegverlauf:* Von der Breitenbergbahn-Talstation auf dem bezeichneten Weg Nr. 1 unter der Seilbahntrasse in Serpentinen hinauf zur Hoch-Alpe (1500 m) ⌂

– (oder Bergfahrt mit der Kabinenbahn) – ab Bergstation ☗ und Hoch-Alpe ⌂ südwestlich bergauf (auch Sessellift) zum Sattel (St.-Magnus-Acker) zwischen Breitenberg und Aggenstein – vom Sattel links (südlich) auf dem beängstigend erscheinenden breiten Felsband, dem »Langen Strich«, unschwierig hinauf zur Ostschulter des Aggensteins – vom Scheitelpunkt auf der Südseite in leichter Kletterei am Drahtseil zum Gipfelkreuz.
Abstieg südlich zur Pfrontner Hütte (1800 m) ⌂ – kurz unterhalb, bei der Grenztafel am »Bösen Tritt«, links (nördlich) abwärts zur Grenz-Hütte (1500 m) □ – am Bach entlang durch die Reichenbachschlucht, unten links haltend, zum Ausgangspunkt.
*Bitte beachten:* Im »Langen Strich« den Weg auf keinen Fall verlassen; bei Nebel gefährlich!

## 3 Die Vilser Gruppe

### [a] Brentenjoch (2001 m)

Mittelschwer
Gehzeit: 5–6 Stunden

***Ausgangspunkt:*** Pfronten-Steinach **(Bf)** Ⓗ [P]
***Wegverlauf:*** Von der Breitenbergbahn-Talstation auf dem bezeichneten Weg Nr. 2 südostwärts bis zum Reichenbach – am Bach entlang bergwärts durch die Reichenbachschlucht über die Grenz-Hütte □ zur Grenztafel am »Bösen Tritt« (wenige Schritte rechts Pfrontner Hütte (1800 m) ⌂ – an der Grenztafel ostwärts – nach 10 Minuten Abzweigung nach links (nördlich) leicht steigend zur Achsel (1821 m) – rechts (südostwärts) Richtung »Vilser Jöchle« – bei der Wegteilung vor dem Jöchle im spitzen Winkel links (nördlich) steil hinauf zum Brentenjoch (2001 m); dies ist kein Joch im üblichen Sinne, sondern ein Gipfel.
Abstieg südlich zum Vilser Jöchle – links (ostwärts) über die Vilser Alpe (1224 m) ⌂ am Kühbach entlang talauswärts am Steinbruch vorbei zur Tiroler Straße – am Feldkreuz links, auf dem Rundwanderweg über den österreichisch/deutschen Grenzübergang zum Ausgangspunkt.
*Bitte beachten:* Grenzübertritt, Personalausweis erforderlich!

### [b] Große Schlicke (2060 m)

Mittelschwer ($1\,^1/_2$ Tage)

***Ausgangspunkt:*** Musau **(Bf)** Ⓗ [P]
***Wegverlauf:*** Vom Reintaler Hof ☗ auf bezeichnetem Weg südlich im Wald steil hinauf zur Achsel (1148 m) über der Talöffnung des Sababachs – auf dem Fahrweg hinein ins Reintal – über die Musauer Alpe (1290 m) ⌂ zur Otto-Mayr-Hütte (1530 m) ⌂ oder zur benachbarten Füssener Hütte ⌂ – Aufstieg zur Schlicke direkt (nördlich) – oder, bequemer, zum Talschluß, dann rechts (nordostwärts) am Südhang der Kleinen Schlicke zum Gipfelanstieg auf die Große Schlicke.
Abstieg auf dem Südostrücken hinab zur Musauer Alpe ⌂ – talauswärts nach Musau.

## 4 Große Bleckenau-Runde (1700 m)

Leicht
Gehzeit: 4–5 Stunden

*Ausgangspunkt:* Schwangau, Tegelbergbahn-Talstation Ⓗ 🅿
*Wegverlauf:* Bergfahrt mit der Tegelbergbahn – ab Bergstation ☗ auf bezeichnetem und rot-weiß-rot markiertem Weg südlich zum Branderfleck – leicht bergauf – bergab über den Ahornsattel (1661 m) und Niederstraußbergsattel zur Jäger-Hütte (1431 m) ⌂ – auf der Fahrstraße talwärts an der Pöllat entlang zum ehemaligen Königshaus Bleckenau (1167 m) ☗ – auf dem Brunnenstubenweg über Marienbrücke – Pöllatschlucht – Gipsmühle zum Ausgangspunkt – oder ab Bleckenau mit dem Pendelbus zur Tegelbergbahn-Talstation.

## 5 Säuling (2047 m)

Mittelschwer
Aufstieg: $3^1/_2$ Stunden
Abstieg: $2^1/_2$–3 Stunden

*Ausgangspunkt:* Hohenschwangau Ⓗ 🅿
*Wegverlauf:* Ab Hohenschwangau, Großparkplatz, führen die numerierten Wege 30, 31, 32, 34, 35, 36 und 37 direkt bzw. mit einem Umweg über Schloß Neuschwanstein hinauf zum Aussichtspunkt »Jugend« nahe der Marienbrücke über die Pöllatschlucht – auf dem Brunnenstubenweg Richtung Bleckenau – nach $^1/_4$ Stunde Abzweigung nach rechts (südlich) zunächst auf dem Forstweg, dann wieder rechts haltend auf steilem Pfad hinauf zur Wildsulz-Hütte □ – an der Hütte links nur geringfügig steigend – bei der nächsten Wegteilung rechts (südlich) im schrofigem Gelände, stellenweise an Drahtseilen, in die auf den Grat hinaufziehende Grasfläche, die sog. »Gemswiese« – auf dem Grat links, unschwierig zum Gipfelkreuz (Landesgrenze Bayern/Tirol).
Abstieg zurück auf dem Grat, dann links (südlich) hinunter zum Säuling-Haus (1694 m) ☗ – am Fuße des Felsmassivs westlich (Vorsicht, Fels nicht besteigen, sehr brüchig!) um den Pilgerschrofen herum – auf der Nordseite unschwierig über die Wildsulz-Hütte hinunter zum Ausgangspunkt.

# 13 Das Kleinwalsertal

Verschiedene Gesteinsformationen wie Kreide, Flysch und Trias auf engstem Raum machen die reizvollen landschaftlichen Kontraste des Kleinwalsertals aus. Das zwischen sanften und wuchtigen Gebirgszügen eingebettete Hochtal ist nur 15 km lang. Den Talschluß der Breitach bilden im Süden die markanten Dolomitberge des Widdersteins, der als »König des Tals« bezeichnet wird, des Zwölfer- und Elferkopfs sowie der Hochgehrenspitze. Das bis zu 1200 m hoch gelegene Tal wird von der Breitach, dem größten Quellfluß der Iller, durchflossen. Die sensationelle Breitachklamm – nahe der Walserschanz – begrenzt das Tal nach Osten hin zusammen mit dem Flyschhöhenzug Fellhorn – Kanzelwand bis hin zu den Schafalpenköpfen. Im Westen ist es der markante eigenartige Gebirgsstock des Hohen Ifen und das Walmendinger Horn, die das Tal abstekken. – Bereits im 13. Jh. kamen Bauern aus dem Wallis über die hohen Pässe ins Walsertal. Auf der Suche nach neuem Land schreckten sie auch vor dem Urwald nicht zurück, der damals noch einen Großteil der heutigen grünen Wiesen- und Weidenflächen bedeckte. Grundherren zur Zeit der Walserkolonisation waren die Herren von Heimenhofen aus dem Allgäu, diese wiederum erhielten einst das Gebiet von den Rotenberger Besitzern als Nachfolger der Augsburger Bischöfe. Die Walser bekamen ihr Land von den Grundherren als Erblehen. Als freie Bürger wählten sie ihren Amann und ihr Gericht selbst und gehörten im Mittelalter zu den ersten freien Bauern des ganzen Alpenraums. – Die Tendenz zum Allgäu hin war stets gegeben, aber bis auf kurze Zeitabschnitte der Besetzung blieb das Kleinwalsertal österreichisch. 1891 wurde es dem deutschen Zollverband angeschlossen und ist seither ein Verwaltungskuriosum. Die ursprünglichen Orte des Tals, Riezlern, Hirschegg, Mittelberg und die Siedlung Baad, gehören staatspolitisch zu Österreich, bezahlt wird aber mit DM-Währung. Das Tal verfügt somit über österreichische Polizei und deutsche Zollbeamte. Selbstverständlich gab und gibt es immer wieder Pläne, das Kleinwalsertal verkehrsmäßig mit Vorarlberg zu verbinden; schon vor dem Zweiten Weltkrieg wurde davon geredet, die meisten Walser sind jedoch dagegen. Vier Trassen für eine Straße nebst Tunnel sind dazu im Gespräch: von Baad nach Hochkrumbach, durchs Schwarzwassertal von der Melköde nach Schoppernau oder nach Schönenbach sowie von Riezlern nach Sibratsgfäll. – Trotz des ständig wachsenden Fremdenverkehrs haben sich die Orte im Kleinwalsertal ihren typischen Charakter bewahrt. Am ursprünglichsten geblieben ist das im letzten Talzipfel gelegene Baad. NIcht zuletzt ist es auf die Abgeschlossenheit zurückzuführen, daß traditionelles Brauchtum in diesem Hochgebirgstal heute noch lebendiger ist als anderswo. – Das gesamte Kleinwalsertal ist ein sehr eindrucksvolles Gelände für Wanderer und Bergsteiger. Ein ganz besonderes Erlebnis ist das Gebiet um den Hohen Ifen. Dieser weithin sichtbare Gebirgsstock mit dem pultförmig ansteigenden Gipfeldach ist Teil der Ifengruppe, einer dreimal unterteilten Riesenkalksteinplatte von etwa 30 $km^2$. Zur Ifengruppe gehören neben dem Ifenstock das Gottesackerplateau und die Gottesackerwände, ein Terrain, das zu den großartigsten Karrenmeeren der Ostalpen zählt. Man sollte sich diese seltsamste aller Allgäuer Landschaften nicht entgehen lassen.

## Sehenswertes am Weg

***Walsertal:*** Pfarrkirchen in Riezlern, Mittelberg, Hirschegg und Mittelberg, Walsermuseum und Rathaus in Riezlern

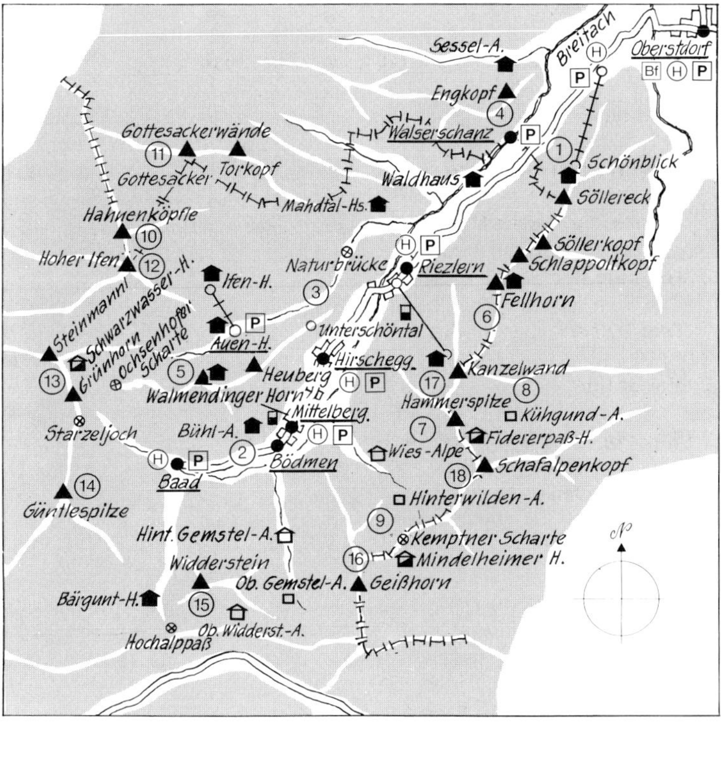

# *13* Das Kleinwalsertal

## 1 Höhenweg Schönblick – Mittel-Alpe (1402 m)

Leicht
Gehzeit: 3 1/2 Stunden

*Ausgangspunkt:* Oberstdorf **(Bf)** Ⓗ [P]
*Wegverlauf:* Ab Ortsmitte Weststraße, westlich zur Schlechtenbrücke – links, Weg Nr. 27, südwestlich zum Hotel Waldesruh ☗ – wenige Minuten danach auf Weg Nr. 26 rechts über die Söllereckbahn-Talstation zum Hotel Schönblick ☗ und Gasthaus Am Söller ☗ oder von Ⓗ und [P] »Söllereck« an der B 19 mit der Söllereck-Sesselbahn zum Schönblick – ab Berstation kurzer Anstieg zur Schrattenwang-Alpe (1402 m) ⌂ – südwestlich über Amans-Alpe □ zur Mittel-Alpe ☗ – Abstieg nach Oberwestegg – Bus über Ⓗ Söllereck nach Oberstdorf.

## 2 Oberer Höhenweg Bühl-Alpe (1422 m) – Baad

Leicht
Gehzeit: 2 1/2 Stunden, beliebig zu verlängern

*Ausgangspunkt:* Hirschegg Ⓗ [P]
*Wegverlauf:* Ab [P] Walser-Haus westlich zum Rohrweg – auf dem Rohrweg rechts bergauf nach Unterschöntel – beim Fuchshof links (südwestlich) über Oberschöntel zum Heubergmuldelift – hier nicht auf dem Fahrweg zum Heuberg, sondern auf dem markierten oberen Höhenweg links zur Zafernerlift-Bergstation – auf fast gleichbleibender Höhe zur Bühl-Alpe (1422 m) ☗ – weiter zur Stutz-Alpe ⌂ – Abstieg links (südlich) nach Baad.
Rückweg auf dem Baader Höhenweg und dem anschließenden Panoramaweg nach Mittelberg Ⓗ – Bus nach Hirschegg – oder zu Fuß beim Wegweiser »Höflerweg« rechts hinunter zur Breitach – flußabwärts nach Hirschegg.

## 3 Schwarzwassertal

Leicht
Gehzeit: 3 1/2–4 Stunden

*Ausgangspunkt:* Riezlern Ⓗ [P]
*Wegverlauf:* Ab Riezlern über die Breitachbrücke – nach der Brücke rechts, in der Eggstraße zum Hotel Erlebach – auf bezeichnetem Weg nach links – am Wassertretbecken vorbei hinunter zum Schwarzwasserbach – über die Holzbrücke links zur Naturbrücke – am Schwarzwasserbach flußaufwärts – ab dem ☗ Hammerer Naturlehrpfad stets in Flußnähe – bei der Schröfelsäge Überquerung der Straße und weiter flußaufwärts zur Melköde-Alpe ⌂, Alpkäserei.
Rückweg auf dem Lehrpfad links haltend zur Auen-Hütte ☗ – am [P] links (nordostwärts) über Wäldele zum ☗ Hammerer – rechts, am Sportplatz vorbei, auf der Schwarzwassertalstraße zum Ausgangspunkt.

## 4 Von der Walserschanz in die »Ewigkeit« (1150 m)

Leicht
Gehzeit: 4–4 1/2 Stunden

*Ausgangspunkt:* Walserschanze (Grenzübergang Deutschland – Kleinwalsertal)
*Wegverlauf:* Ab [P] auf bezeichnetem Weg hinunter Richtung »Breitachklamm« – auf dem Steg über die Breitach – links, flußaufwärts zum ☗ Waldhaus (Abkürzungsmöglichkeit rechts zum Fuchsloch) – 1/4 Stunde weiter die Breitach aufwärts – Abzweigung nach rechts hinauf Richtung »Außerschwende« – beim ☗ Bergblick rechts auf dem Straußbergweg nordostwärts ins »Schmalzloch« – vor dem »Fuchsloch« links durch den Hörnlebachtobel über die »grüne Grenze« nach Hinterenge – auf der autofreien Asphaltstraße im großen Bogen links um den Engkopf herum zur Sessel-Alpe ⌂ – 1/4 Stunde weiter südostwärts – an der Abzweigung nach links zum Zwingsteg (Vorsicht, Weg nicht verlassen, Absturzgefahr!) – kurzer Anstieg – 1/4 Stunde zum Ausgangspunkt.
*Bitte beachten:* Grenzübertritt, Personalausweis erforderlich!

## 5 Walmendinger Horn (1990 m)

### [a] Aufstieg zu Fuß

Leicht
Aufstieg: 2 1/2 Stunden
Abstieg: 1 1/2 Stunden

*Ausgangspunkt:* Hirschegg (H) [P]
*Wegverlauf:* Ab [P] Walser-Haus westlich über den Rohrweg hinauf zur Schwarzwassertalstraße – auf der Straße nach links über die ehemalige »Fuchsfarm« zur Schröfelsäge – vor der Brücke links auf bezeichnetem Weg über die Walmendinger Alpen (1424 m und 1600 m) □ – zuletzt steil zum Walmendinger Horn ☗.
Abstieg auf der Skitrasse hinunter zur Muttelberg-Alpe □ – links (südlich) über die Stutz-Alpe (1500 m) ⌂ und Bühl-Alpe (1422 m) ☗ Richtung Mittelberg – oberhalb von Mittelberg auf dem Unteren Höhenweg nach der Zaferna-Alpe □ rechts hinunter nach Hirschegg.

### [b] Über den Heuberggrat (1797 m)

Schwer
Gehzeit: 2 1/2 Stunden

*Ausgangspunkt:* Hirschegg (H) [P]
*Wegverlauf:* Ab [P] Walser-Haus westlich hinauf zum Rohrweg – in Unterschöntal links über Oberschöntal zum Heubergmuldelift – an der Liftstation, nicht markiert, südwestlich hinauf zum Beginn des Heubergrats am Söller – auf dem langen schmalen, teils brüchigen Grat hoch überm Walsertal über den Heuberg (1797 m) zum Walmendinger Horn ☗ (1990 m).

Abstieg über die Muttelberg-Alpe – Stutz-Alpe zur Bühl-Alpe (1422 m) – auf dem Oberen Höhenweg über die Zaferna-Alpe talwärts nach Hirschegg.
*Bitte beachten:* Bei Nässe nicht ratsam!

### C Zur Ochsenhofer Scharte

Leicht
Gehzeit: 4 1/2 Stunden

***Ausgangspunkt:*** Mittelberg (H) P
***Wegverlauf:*** Ab Mittelberg mit der Seilbahn auf das Walmendinger Horn (1990 m) – von der Bergstation rechts (westlich) in die Mulde zur Muttelberg-Alpe – auf bezeichnetem Weg rechts (südwestlich) Obere Lüchle-Alpe – Äußere Stierhof-Alpe (verfallen) – kurz danach Abzweigung nach rechts bergauf zur Ochsenhofer Scharte (1850 m) – (hierher führt von der Mittelberg-Alpe auch ein Pfad über Mittelbergkopf und Ochsenhofer Köpfe, jedoch beschwerlich) – von der Scharte, nur bei Nässe die ersten paar Meter etwas schwierig, dann unbeschwerlich hinunter zur Schwarzwasser-Hütte (1651 m) – talwärts über die Alpe Melköde im Schwarzwassertal (Naturlehrpfad) hinaus zur Auen-Hütte (1275 m) – Bus zum Ausgangspunkt.

## 6 Höhenweg Kanzelwand (2058 m) Fellhorn (2038 m) – Söllereck (1706 m)

Leicht bis mittelschwer
Gehzeit: 4–5 Stunden

***Ausgangspunkt:*** Riezlern (H) P
***Wegverlauf:*** Von Riezlern mit der Kanzelwandbahn zur Bergstation (1940 m) – ab Bergstation »Mitnahme« des Kanzelwandgipfels (2058 m) und Warmatsgundkopfs (2059 m), zusätzlich 3/4 Stunden – vom Sattel ostwärts hinunter in den Gundsattel (1800 m) – Gegenanstieg zum Fellhorn (2038 m) – auf dem Kamm über Schlappoltkopf (1968 m) – Söllerkopf (1925 m) zum Söllereck (1706 m).
Abstieg nach Schönblick (1350 m) – entweder zu Fuß westlich unbeschwerlich über Schrattenwang-Alpe – Amans-Alpe und Mittel-Alpe (1306 m) nach Riezlern – oder mit der Söllereck-Sesselbahn zur Talstation – Bus nach Riezlern.
*Bitte beachten:* Bei Nässe ist der Lehmboden auf dem Kamm teilweise sehr glitschig; Vorsicht, Rutschgefahr! Weg nicht verlassen!

## 7 Fiderepaß (2065 m)

a Aufstieg durchs Wildental
Leicht
Gehzeit: 5–6 Stunden

*Ausgangspunkt:* Mittelberg (H) P
***Wegverlauf:*** Von der Ortsmitte auf mehreren möglichen Wegen hinunter zur Breitach – über die Höflerbrücke oder Schwendlebrücke Richtung Wildental zur Inneren Wies-Alpe (1298 m) – taleinwärts zur Flucht-Alpe (1390 m) – an der Hütte links (ostwärts) steil hinauf zur Vorderwilden-Alpe □ – unter der Materialseilbahntrasse, zuletzt in Kehren über den Sattel zur Fiderepaß-Hütte (2065 m).
Abstieg nordostwärts zur Kühgund-Alpe □ – an der Hütte links (nordwestlich) quer hinüber zum Fuße der Kanzelwand – bei der Wegteilung rechts hinauf zum Gundsattel (1850 m) – Abstieg über die Riezler-Alpe □ hinunter nach Riezlern.

b Über die Kanzelwand
Leicht
Gehzeit: 4 Stunden

*Ausgangspunkt:* Mittelberg (H) P
***Wegverlauf:*** Von der Kanzelwandbahn-Bergstation Aufstieg zur Kanzelwand/Warmatsgundkopf (2059 m) – auf der Südostseite Abstieg und Querung zur Kühgund-Alpe (1744 m) □ – an der Hütte rechts in Kehren hinauf zur Fiderepaß-Hütte (2065 m).
Abstieg westlich hinunter ins Wildental – über die Flucht-Alpe und Innere Wies-Alpe (1298 m) hinaus nach Mittelberg.

## 8 Krumbacher Höhenweg (2058 m)

Mittelschwer, Ausdauer erforderlich
Gehzeit: 7 1/2 Stunden

*Ausgangspunkt:* Riezlern (H) P
***Wegverlauf:*** Ab Riezlern Bergfahrt mit der Kanzelwandbahn – von der Bergstation Aufstieg auf die Kanzelwand/Warmatsgundkopf (2059 m) – südostwärts hinunter ins Warmatsgundtal – an der Kühgund-Hütte (1744 m) □ – links (südostwärts), auf die rote Punktmarkierung achtend, hinauf zur Roßgundscharte (Punkt 2005) – südlich 150 Höhenmeter abwärts zum Südostsporn des Nördlichen Schafalpenkopfes, wo zuerst der Weg von der Fiderepaß-Hütte herab, danach der Weg von Birgsau herauf in den Krumbacher Höhenweg einmündet – an den Südosthängen der Schafalpenköpfe hoch überm Rappenalpental südwestlich zur Mindelheimer Hütte (2058 m).
Rückweg 20 Minuten nördlich hinauf zur Kemptner Scharte – von dort sehr steil und zum Teil drahtseilgesichert hinunter zur Hinterwilden-Alpe (1777 m) □ – am Wildenbach abwärts, über die Flucht-Alpe und Innere Wies-Alpe –

entweder links über die Schwendlebrücke oder rechts über die Höflerbrücke nach Mittelberg.

## 9 Vom Wildental ins Gemsteltal

Mittelschwer, Ausdauer erforderlich
Gehzeit: 7 Stunden

*Ausgangspunkt:* Mittelberg Ⓗ [P]
*Wegverlauf:* Von Mittelberg entweder auf dem Höflerweg über die Höflerbrücke oder vom Tennis-Center über die Schwendlebrücke Richtung Wildental zur Inneren Wies-Alpe (1298 m) ⌂ – taleinwärts zur Flucht-Alpe (1390 m) ⌂ – an der Hütte geradeaus am Wildenbach steiler werdend hinauf zur Hinterwilden-Alpe (1777 m) □ – im Talschluß südwestlich am Bach hinüber zum Felsmassiv – nun im Fels auf gut angelegtem, teils drahtseilgesichertem Steig hinauf zur Kemptner Scharte (2150 m) – jenseits in wenigen Minuten hinab zur Mindelheimer Hütte (2058 m) ☗.
Abstieg von der Hütte westlich unterm Angererkopf im Wildengund – im Bogen südlich am kleinen See unter dem Geißhorn vorbei, leicht auf und ab zum Geißhornjoch (2100 m) (Nahtstelle Deutschland – Österreich) – vom Joch in Serpentinen abwärts zum kleinen See im Gemstelkoblach – über die Sterzer-Jagdhütte (1859 m) zur Oberen Gemstel-Alpe (1694 m) □ – rechts (nördlich) auf dem »Gesprengten Weg« oberhalb der Gemstelklamm hinunter zur Hinteren Gemstel-Alpe ⌂ (1320 m) – talauswärts über Bödmen zum Ausgangspunkt.

## 10 Hahnenköpfle (2143 m)

Leicht
Gehzeit: 2 1/2–3 Stunden

*Ausgangspunkt:* Auen-Hütte [P], von Riezlern mit Pkw oder mit dem Ifen-Bus zu erreichen
*Wegverlauf:* Ab Auen-Hütte (1307 m) ☗ mit dem Hahnenköpfle-Sessellift Bergfahrt zur Ifen-Hütte (1586 m) ☗ – in der Ifenmulde am Fuße der Ifenmauer mäßig steigend hinauf zum Hahnenköpfle – die Besteigung des Hohen Ifen zur Linken und vor allem die Besteigung des weitläufigen Gottesackerplateaus erfordern Bergerfahrung und Orientierungssinn.
Abstieg wie Aufstieg.

## 11 Das Gottesackerplateau (2143 m)

Mittelschwer, Orientierungssinn erforderlich
Gehzeit: 6 1/2–7 Stunden

*Ausgangspunkt:* Riezlern Ⓗ [P]
*Wegverlauf:* Von der Ortsmitte über die Breitachbrücke – rechts, Eggstraße – Hansa-Hütte ☗ nördlich zum Mahdtal-Haus ☗ – (auch zu erreichen auf der Straße Riezlern – Westegg – Schwendebrücke – Innerschwende – Mahdtal-

Haus). – ab Mahdtal-Haus nordwestlich über die Höfle-Alpe □ ins Mahdtal – am gekennzeichneten 80 m tiefen Hölloch (Vorsicht!) vorbei zur Mahdtal-Alpe (1497 m) □ – über die Waldgrenze zum Windecksattel (1751 m) – in der Senke am Fuße vom Torkopf und Toreck links (südwestlich) hinauf in die Scharte (1967 m) der Oberen Gottesackerwände über dem Gottesackerplateau – beim Wegweiser unten in der Mulde links (südostwärts), Gottesackerloch (auf die teils überwachsenen, bis zu 16 m tiefen Spalten achten!) – auf dem Schneiderrücken im lichten Kürenwald hinunter zur Wäldelestraße – talauswärts über ☗ Hammerer zum Ausgangspunkt.
*Bitte beachten:* Nicht bei Nebel gehen!

## 12 Hoher Ifen (2230 m)

Mittelschwer
Gehzeit: 5 Stunden

***Ausgangspunkt:*** Auenhütte [P], von Riezlern mit Pkw oder mit dem Ifen-Bus zu erreichen
***Wegverlauf:*** Von der Auen-Hütte (1275 m) ☗ mit dem Sessellift zur Ifen-Hütte (1586 m) ☗ – in der Ifenmulde mäßig steigend, bis der Durchbruch in der Ifenmauer sichtbar wird – Abzweigung nach links im Geröll zum Fels – auf dem markierten Eugen-Köhler-Weg an Seilsicherungen in 20 Minuten hinauf auf die Hochfläche – auf dem Grasdach rechts zum Gipfel.
Abstieg auf dem mäßig geneigten Gipfelplateau rechts haltend zu der Bresche in der südwestlichen Ifenwand (Vorsicht bei Nässe!) – an Drahtseilsicherung über die kurze Passage zum Fuße des Ifenstocks – auf dem markierten Weg im großen Bogen südlich über die Ifersgunt-Alpe □ zur Schwarzwasser-Hütte (1651 m) ☗ – talauswärts über Melköde ⌂ zum Ausgangspunkt Auen-Hütte – Pendelbus nach Riezlern.
*Bitte beachten:* Nicht bei Nässe gehen!

## 13 Starzeljoch (1867 m) – Grünhorn (2039 m) – Steinmannl (1981 m)

Mittelschwer
Gehzeit: 5$^1/_2$–6 Stunden

***Ausgangspunkt:*** Baad (H) [P]
***Wegverlauf:*** Von Baad auf dem Starzelweg nordwestlich zum Starzel-Haus ☗ – im Starzeltal am Turabach mäßig steigend über die Innere Tura-Alpe □ zur Starzel-Alpe (1678 m) ⌂ – links (westlich) hinauf zum Starzeljoch (1867 m) – auf dem Kamm rechts (nordwestlich) auf das Grünhorn (2039 m) – in gleicher Richtung zum Teil auf schmalem Gratpfad zum beliebten Skiberg Steinmannl (1981 m) – rechts (ostwärts) hinunter zur Schwarzwasser-Hütte (1651 m) ☗ – $^3/_4$ Stunden Aufstieg südlich in die Ochsenhofer Scharte (1850 m).
Abstieg südostwärts über Stierhof-Alpe (verfallen) – Untere Lüchle-Alpe □ hinunter nach Baad.

## 14 Güntlespitze (2092 m)

Leicht bis mittelschwer
Gehzeit: 4–5 Stunden

*Ausgangspunkt:* Baad Ⓗ [P]
*Wegverlauf:* Von Baad westlich über die Turabrücke – auf bezeichnetem Weg zu den Spital-Alpen ☐, Untere (1350 m), Mittlere (1560 m) und Obere (1800 m) – im Talschluß links hinüber zur Derren-Alpe (1813 m) ⌂ – rechts hinauf ins Derrenjoch (1900 m) – links auf dem Kamm zur Güntlespitze.
Abstieg wie Aufstieg zur Derren-Alpe – rechts (südlich) im Quellgebiet des Derrenbachs teils auf Pfadspuren am steilen Grashang des Wannenbergs – oberhalb des Derrenbachs hinaus nach Baad.

## 15 Widderstein (2533 m)

Mittelschwer, Ausdauer erforderlich
Gehzeit: 8 Stunden

*Ausgangspunkt:* Mittelberg/Innerbödmen Ⓗ [P] am westlichen Ortsrand
*Wegverlauf:* Vom [P] südlich über die Breitachbrücke – auf bezeichnetem Weg fast eben ins Gemsteltal zur Hinteren Gemstel-Alpe (1320 m) ⌂ – nun aufsteigend am »gesprengten Weg« hoch über der Gemstelklamm – über die Obere Gemstel-Alpe (1694 m) ☐ zum Gemstelpaß (1972 m) (deutsch/österreichische Grenze) – wenige Minuten zur Oberen Widderstein-Alpe (2009 m) ⌂ – nordwestlich hinauf zum Einstieg in die riesige Spalte des Bergs – der roten Punkt-Markierung folgend über Schrofen und Felsstufen hinauf zum Grat – wenige Meter nach rechts (Osten) zum Gipfel.
Abstieg in der Spalte wie Aufstieg – am Fuße der Südflanke rechts (westlich) zum Hochalppaß (1938 m) – rechts (nördlich) zur Bärgunt-Alpe (1391 m) ☗ – im Bärgunttal hinaus nach Baad.
*Bitte beachten:* In der Gipfelrinne stets der Markierung folgen; keine Steine lostreten, Steinschlaggefahr; beim Abstieg vom Hochalppaß zur Bärgunt-Hütte die trügerischen, gefährlichen Abkürzungen meiden!

## 16 Walser Geißhorn (2366 m)

Mittelschwer, Ausdauer erforderlich
Gehzeit: 6 1/2–7 Stunden

*Ausgangspunkt:* Mittelberg/Bödmen Ⓗ [P]
*Wegverlauf:* Ab ☗ Gemse südlich über die Breitachbrücke – taleinwärts ins Gemsteltal – nur gering steigend zur Hinteren Gemstel-Alpe (1320 m) ⌂ – steiler hinauf auf dem »gesprengten Weg« über der Klamm zur oberen Gemstel-Alpe (1694 m) ☐ – hinter der Hütte links (ostwärts) leicht steigend an der Sterzer-Jagdhütte und an dem kleinen See vorbei in Serpentinen hinauf zum Geißhornjoch (2100 m) – links (ostwärts) auf gut ausgetretenem, steilem Graspfad aufwärts zum Geißhorngipfel – Abstieg zum Geißhornjoch wie Aufstieg –

am Joch links (nördlich) an der Ostflanke des Geißhorns leicht auf und ab über den Schwabengrat zur Mindelheimer-Hütte (2058 m) ⌂.
Abstieg zunächst nördlich 20 Minuten hinauf zur Kemptner Scharte – auf gutem Steig, sehr steil, teilweise drahtseilgesichert hinunter ins Wildental – über Hinterwilden-Alpe □ – Flucht-Alpe ⌂ und Innere Wies-Alpe ⌂ gleichweit entweder links oder rechts nach Mittelberg.

## 17 Hammerspitze (2170 m)

Mittelschwer, leichte Kletterei (I–II)
Gehzeit: $3^1/_2$–4 Stunden

*Ausgangspunkt:* Riezlern Ⓗ [P]
*Wegverlauf:* Von Riezlern Bergfahrt mit der Kanzelwandbahn – ab der Bergstation ⌂ Richtung Kanzelwand – im Kanzelwandsattel Pfad nach rechts (südlich), nicht markiert, zum Fuße der Hammerspitze – auf dem Nordostgrat in leichter Kletterei zum Gipfel – Übergang auf dem Grat über Hochgehrenspitze und Schüsser in nicht ganz leichter Kletterei (I–II) zur Fiderepaß-Hütte möglich.
Abstieg von der Hammerspitze südlich weglos auf mit Schrofen durchsetztem Grasboden zur Wanne-Alpe (1821 m) □ – rechts (nordwestlich) auf dem von der Fiderepaß-Hütte kommenden Höhenweg zur Inneren Kuhgehren-Alpe (1637 m) ⌂ – links (westlich) im Wald hinunter zum Höflerweg – über die Breitach nach Mittelberg oder Hirschegg Ⓗ – Bus zum Ausgangspunkt.

## 18 Mindelheimer Klettersteig (2300 m)

Schwer
Gehzeit: 9–10 Stunden

*Ausgangspunkt:* Mittelberg Ⓗ [P]
*Wegverlauf:* Von Mittelberg südostwärts ins Wildental – über die Innere Wies-Alpe ⌂ zur Flucht-Alpe (1390 m) ⌂ – entweder: links hinauf zur Fiderepaß-Hütte (2065 m) ⌂, zum Klettersteig – Einstieg »Ost« – oder: geradeaus zur Kemptner Scharte, zum Einstieg »West«.
Der rot markierte Klettersteig führt über den Grat der drei Schafalpenköpfe; Drahtseile, Eisenleitern, Eisenstifte und Klammern helfen, oftmals senkrechte Felsspalten, Rinnen und überhängende Felswände über den steilen Nordabstürzen zu überwinden; sehr exponierte und ausgesetzte Stellen werden durch Trittbügel entschärft, fordern jedoch persönliche Überwindung, Vorsicht und überlegtes Handeln, vor allem bei Gewitter und Wettersturz.
Stützpunkte: Fiderepaß-Hütte und Mindelheimer Hütte.

# 14 Die Hornbachkette

Obwohl sich diese großartige Gebirgsgruppe südlich des Allgäuer Grenzkamms, zwischen dem Hornbachtal und dem Lechtal, auf österreichischem Territorium erhebt, wird sie, vom geologischen Aufbau her gesehen, dem Gesamtgefüge der Allgäuer Alpen zugeordnet. – Vom Allgäu aus erfolgt gewöhnlich der Zugang zur Hornbachkette durch das Oytal über das Hornbachjoch oder durch das Trettachtal über Spielmannsau, Kemptner Hütte und Krottenkopfscharte zur Hermann-von-Barth-Hütte. Doch überwiegend wird der Weg in das Hornbachtal vom Lechtal aus über Vorderhornbach und Hinterhornbach oder von Elbigenalp aus über die unter den senkrecht aufragenden Wänden der Wolfebnerspitzen gelegene Hermann-von-Barth-Hütte gewählt. – Am Eingang zum romantischen Hornbachtal, das bei Vorderhornbach ins Lechtal mündet, wird der Besucher von den wuchtigen Eckpfeilern der Klammspitze (links) und den Roßkarspitzen (rechts) beeindruckt. Das Tal zieht sich westlich hinein nach Hinterhornbach, gabelt sich dort in das Haupttal, das bei der Peters-Alpe endet, und in das Jochbachtal, das sich über die Jochbach-Alpe zum Hornbachjoch hinaufwindet. – Das bis noch vor wenigen hundert Jahren nur vereinzelt besiedelte und sehr entlegene Tal gehörte bis zur Mitte des 14. Jh. zum Machtbereich des wohlhabenden Allgäuer Rittergeschlechts der Rettenberger, bis es über das Füssener Stift St. Mang und die Reuttener Ehrenberger im 19. Jh. selbständig wurde. Damals mußten die Bewohner dieses noch schlecht zugänglichen Bergtals ein entbehrungsreiches Dasein fristen. – Heute ist das Hornbachtal vor allem ein Reich der Bergwanderer und Bergsteiger, und es ist trotz der ausgebauten Straße noch eine Region der Ruhe. – Das Tal wird umrahmt von der großartigsten Felsszenerie der Allgäuer Alpen: z. B. im Norden der Hochvogel und die Höllhörner, im Westen der Große Krottenkopf (mit 2656 m höchster Gipfel der Allgäuer Alpen) und im Süden die unnahbar erscheinende Hornbachkette von der Marchspitze über die Urbeleskarspitze bis zur Östlichen Klimmspitze. Alle Gipfel des Allgäuer Hauptkamms und der Hornbachkette bewegen sich in fast gleichbleibender Höhe etwa um 2500 m. Während die »Allgäuer« über den Grenzkamm gut zu begehen sind, erfordert die Besteigung der Hornbachkette mit Ausnahme des Großen Krottenkopfs und der Bretterspitze absolutes bergsteigerisches Können und Erfahrung. Beim Anblick der wilden, nackten Felsen der Hornbachkette mit den von ihren Gipfeln herabziehenden Trümmer- und Geröllkaren wird einem die Kraft der Naturgewalt deutlich vor Augen geführt. Immer wieder löst sich ein Stein; beispiellos zeigt sich der infolge Verwitterung brüchig gewordene Fels an der Urbeleskarspitze. Mit dem nötigen Können und unter Wahrung der gebotenen Vorsicht lassen sich in der Hornbachkette jedoch zahlreiche eindrucksvolle Wanderungen, rassige Bergtouren und anspruchsvolle Höhenwege unternehmen.

Sehenswertes am Weg

***Elbigenalp:*** Barockpfarrkirche, Holzschnitterei-Ausstellung

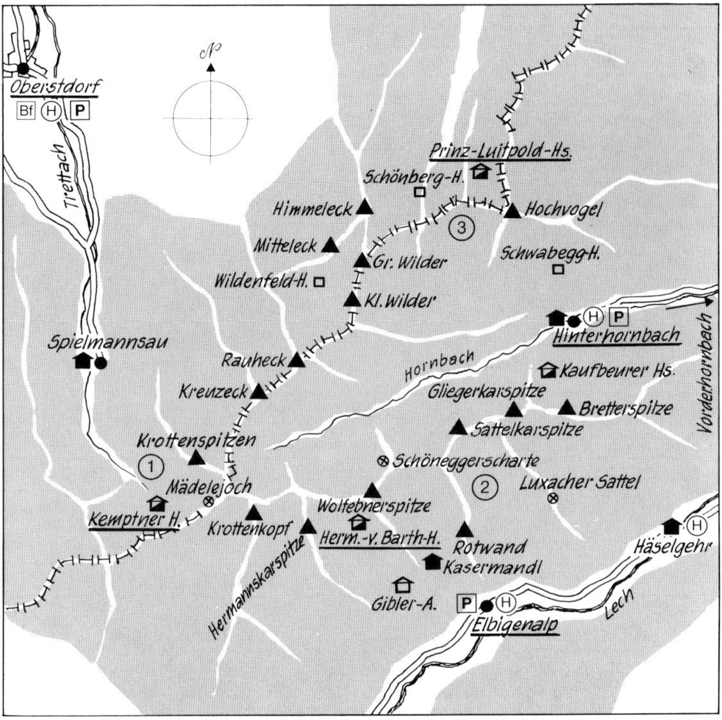


# *14* Die Hornbachkette

## 1 Großer Krottenkof (2657 m)

Leicht bis mittelschwer, Ausdauer erforderlich
($1\,^1/_2$ Tage)
Gehzeit Oberstdorf – Kemptner Hütte: $4\,^1/_2$ Stunden
Gehzeit Kemptner Hütte – Großer Krottenkopf: $2\,^1/_2$ Stunden
Rückweg: 5–6 Stunden

*Ausgangspunkt:* Oberstdorf **(Bf)** Ⓗ [P]
*Wegverlauf:* Von Oberstdorf im Trettachtal nach Spielmannsau – südlich durch den Sperrbachhobel zur Kemptner Hütte (1844 m) – von der Hütte südlich bergauf – bei der ersten Wegteilung links über die »Nachtböden« Richtung Prinz-Luitbold-Haus – bei der nächsten Wegteilung rechts hinauf zum oberen (östlichen) Mädelejoch (2033 m) am Fuße des Muttlerkopfes – kurzer Abstieg – dann überm Kelletal zum Punkt 2043 – am Wegweiser »Lechtal« führt der Weg nach links (ostwärts) in zahlreichen Serpentinen hinauf zur Krottenkopfscharte (2350 m) – an der Scharte links (nördlich) steil auf gut markierter Steiganlage zum Gipfel (Vorsicht bei Altschneeresten!).
Abstieg wie Aufstieg.
Bitte beachten: Tour nur bei günstigen Verhältnissen ab Ende Juni ratsam.

## 2 Hermann-von-Barth Hütte (2129 m)

### [a] Wanderung zur Hütte und zurück

Leicht, Ausdauer erforderlich
Aufstieg: $3\,^1/_2$–4 Stunden
Abstieg: $2\,^1/_2$–3 Stunden

*Ausgangspunkt:* Elbigenalp Ⓗ [P]
*Wegverlauf:* Von der Ortsmitte beim holzgeschnitzten Wegweiser nördlich auf dem Alpwirtschaftsweg hinauf zum Kasermandl – auf dem Fahrweg weiter zur Materialseilbahn (Rucksacktransport möglich) – an der Seilbahnhütte rechts markierter Weg mäßig steigend zur Hermann-von-Barth Hütte (2129 m) auf dem Hochplateau vor den senkrecht aufragenden Wolfebnerspitzen.
Abstieg wie Aufstieg – oder südwestlich hinunter ins Birgertal – links haltend über die Großmähder-Hütten im Bernhardstal talauswärts zur Gibler Alpe und zum Ausgangspunkt.

### [b] Enzenspergerweg – Haglertal – Häselgehr

Leicht bis mittelschwer
Gehzeit: 4–5 Stunden

*Ausgangspunkt:* Hermann-von-Barth Hütte, siehe [a]
*Wegverlauf:* Von der Hütte auf dem bezeichneten Enzenspergerweg ostwärts um den Südpfeiler der Wolfebnerspitzen herum – nördlich ins Balschtekar – im großen Bogen durch das Kar – wo der Weg zur Schöneggerscharte links abzweigt nach rechts weiter zum Balschtesattel (2200 m) am Fuße der Rotwand – ostwärts steil in Serpentinen hinunter ins Noppenkar, um hinüberzuwechseln

zum Luxnacher Sattel (2093 m) – am Fuße des Sattelkars Abzweigung vom Enzenspergerweg nach rechts (ostwärts) hinunter ins Haglertal – talauswärts über die Haglertal-Hütte (1391 m) □ nach Häselgehr ⌂ Ⓗ – mit Bus oder in 1 Stunde zu Fuß nach Elbigenalp.

### [c] Enzenspergerweg – Bretterspitze (2608 m) – Hinterhornbach

Mittelschwer, Ausdauer erforderlich
Gehzeit: 6–7 Stunden

*Ausgangspunkt:* Hermann-von-Barth Hütte ⌂, siehe [a]
*Wegverlauf:* Von der Hütte auf dem bezeichneten Weg ostwärts um den Südpfeiler der Wolfebnerspitzen herum – nördlich im großen Bogen durchs Balschtekar zum Balschtesattel (2200 m) – nordostwärts das Noppenkar ausgehend zum Luxnacher Sattel (2093 m) – nordostwärts am Fuße der Sattelkarspitze, Woleggles Karspitze und Gliegerkarspitze durch die gleichnamigen Kare zur Griesscharte – links (nördlich) an der felsigen Ostflanke der Bretterspitze (Vorsicht bei Nässe!) hinauf auf den Kamm links oberhalb der Schwärzerscharte – auf dem schrofigen Nordostrücken der Bretterspitze unschwierig hinauf auf den Gipfel (2608 m) – auf dem Rücken wieder hinunter zum Einstieg, dann nördlich im Urbeleskar am Fuße der Urbeleskarspitze zum Kaufbeurer Haus (2005 m) (Unterkunft nur mit AV-Schlüssel, an Wochenenden teilbewirtschaftet) – Abstieg nach Hinterhornbach ⌂ – mit Taxi oder Bus ab Vorderhornbach zum Ausgangspunkt.

## 3 Hinterhornbach (1100 m) – Prinz-Luitpold-Haus (1845 m) – Kemptner Hütte (1844 m) – Hermann-von-Barth-Hütte (2129 m)

Mittelschwer bis schwer (4 Tage)

*Ausgangspunkt:* Hinterhornbach [P] Ⓗ in Vorderhornbach

### 1. Tag: Hinterhornbach (1100 m) – Hochvogel (2593 m) – Prinz-Luitpold-Haus (1845 m) ⌂

Gehzeit: $6^1/_2$–7 Stunden

*Wegverlauf:* Von Hinterhornbach nördlich steil hinauf zur Schwabegg-Hütte (1699 m) □ – weiter zum Punkt 1975 m am Fuße des Kuhkars (Beginn des Bäumenheimer Wegs) – links durch das Roßkar zum Einstieg in den Südgrat – über Grashänge und durch Schrofen bis zur Steilwand – rechts in der Schlucht, auf die Markierung achtend, stellenweise am Drahtseil über den Südostgrat hinauf zum Gipfel – (Umgehung des Bäumenheimer Wegs möglich von Punkt 1975 m nördlich über Fuchsensattel – westlich durchs Fuchskar – Balkenscharte).
Abstieg vom Hochvogel am Westhang über die »Schnur« zur Kaltewinkelschar-

te – auf dem steilen Firnfeld (Vorsicht!) hinunter – nördlich zur Balkenscharte – links zum Prinz-Luitpold-Haus (1846 m) 🏠.

### 2. Tag: Prinz-Luitpold-Haus (1845 m) – Kemptner Hütte (1844 m)

Gehzeit: 7–8 Stunden

***Wegverlauf:*** Vom Prinz-Luitpold-Haus westlich unterm Wiedemerkopf an steilen Grashängen 260 Höhenmeter hinunter zum Stierbach (1680 m) – bei der Wegteilung vor der Schönberg-Hütte □ links zur Einmündung in den vom Laufbacher Eck herunterkommenden Weg – Gegenanstieg links (westlich) hinauf zum Himmeleck (2007 m) – über das Mitteleck (1835 m) hinab zur Wildenfeld-Hütte (1692 m) □ – an der Hütte links (südlich) bergauf Richtung Hornbachjoch – am Fuße der Höllhörner Abzweigung nach rechts (südwestlich) über den Eissee (1827 m) – hinauf zum Seichereck – auf dem Kamm links zum Rauheck (2384 m) – rechts (südwestlich) über das Kreuzeck (2376 m) auf dem Grenzkamm weiter bis zur Einmündung des Düsseldorfer Wegs von der Hermann-von-Barth Hütte – an der Wegegabel rechts (westlich) durch das oft mit Altschnee gefüllte Kar »Im Märzle« – am Fuße der Krottenspitzen aufwärts zum Fürschießersattel (2207 m) – links (südlich) im Kessel unterm Muttlerkopf im großen Bogen rechts hinunter zur Kemptner Hütte (1844 m) 🏠.

### 3. Tag: Kemptner Hütte (1844 m) – Hermann-von-Barth Hütte (2129 m)

Gehzeit: $6^1/_2$–7 Stunden

***Wegverlauf:*** Von der Kemptner Hütte auf dem zum Prinz-Luitpold-Haus führenden Weg bis zur zweiten Wegteilung – Abzweigung nach rechts (ostwärts) hinauf zum Oberen Mädelejoch (2033 m) – auf der Ostseite des Jochs abwärts – das Roßgumpenkar querend, beim Lechtal-Wegweiser links in Serpentinen steil bergauf zur Krottenkopfscharte (2350 m) – von der Scharte links (nördlich) auf guter Steiganlage (Vorsicht bei Altschneeresten!) hinauf zum Krottenkopfgipfel (2656 m) – Abstieg zur Krottenkopfscharte – links (nordostwärts) steil im Geröll hinunter ins Hermannskar – im Kar im großen Bogen am Hermannskarsee vorbei, südostwärts hinüber zum Fuße der Hermannskarspitze – an Drahtseilen an deren Südwestsporn hinauf zur Schafscharte (2320 m) nun ostwärts durchs Birger- und Wolfebnerkar zur Hermann-von-Barth-Hütte 🏠.

### 4. Tag: Hermann-von-Barth Hütte (2129 m) – Hinterhornbach (1100 m)

Gehzeit: $3^1/_2$–4 Stunden

***Wegverlauf:*** Von der Hermann-von-Barth-Hütte auf dem bezeichneten Enzenspergerweg südostwärts um den Südpfeiler der Wolfebnerspitzen herum – nach Norden ins Balschtekar – bei der Wegegabel Abzweigung zum Enzenspergerweg – nach links zur Schönegger Scharte (2257 m) – nördlich im Schöneggerkar hinab Richtung »Hornbachtal« – oberhalb der Talsohle rechts über der Faulen Wand hinunter zum Hornbach – talauswärts zum Ausgangspunkt.

# 15 Fern- und Weitwanderwege

Zur Unterscheidung der Begriffe »Weitwanderweg« und »Fernwanderweg« empfiehlt der Dachverband der europäischen Gebirgswandervereine, die »Europäische Wandervereinigung e. V.« folgende Definition: »Weitwanderwege sind mehrtägige Überlandwege, die innerhalb eines Staates verlaufen; Fernwanderwege sind mehrtägige Überlandwege, die eine oder mehrere Staatsgrenzen überschreiten.« – Varianten, um das Alpenvorland und die Allgäuer Alpen zu durchqueren, gibt es viele. Um sicher zum Ziel zu kommen, empfiehlt es sich, den von den Arbeitsgemeinschaften für Weit- und Fernwanderwege gepflegten und gut – meist mit postkartengroßen Täfelchen mit blauen Symbolen auf weißem Grund – markierten Wander- und Höhenwegen zu folgen. Sie führen durch Wälder, vorbei an idyllischen Seen und durch schöne, farbenfrohe Dörfer zu historischen Orten mit sehenswerten Bauwerken und Schlössern, zu

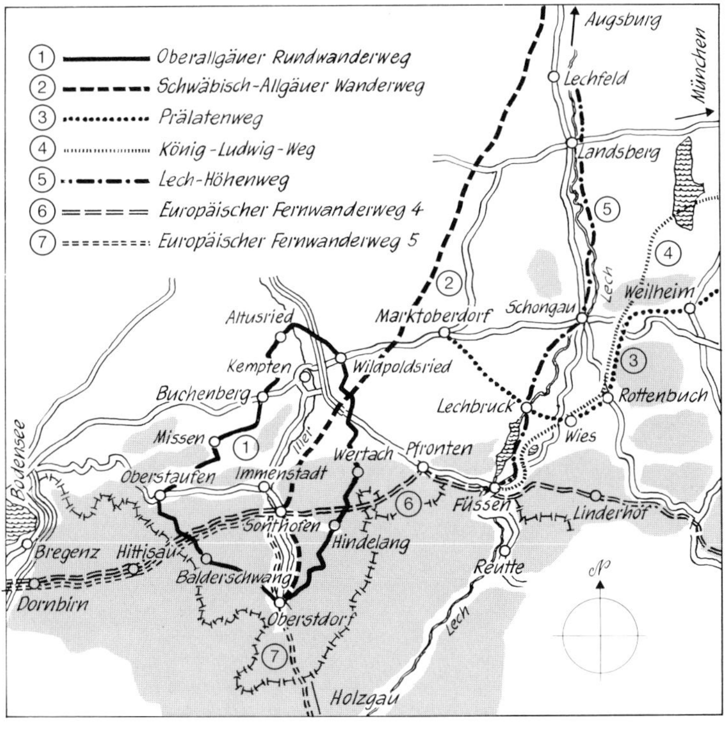

den Stätten der Frömmigkeit im Pfaffenwinkel und über die ebenso anstrengenden wie faszinierenden Genußstrecken der Europäischen Fernwanderwege. – Die das Allgäu berührenden Weit- und Fernwanderwege mit österreichischem Numerierungssystem, z. B. 01, 04, 201, 601 usw., verlaufen zum Teil auf den Routen der Europäischen Fernwanderwege E 4 oder E 5. – Selbstverständlich muß man die nachstehend aufgeführten Weit- und Fernwanderwege nicht »in einem Zuge« begehen. Auch einzelne Teilstücke daraus vermitteln schöne Wander-Höhepunkte.

# *15* Fern- und Weitwanderwege

## 1 Oberallgäuer Rundwanderweg

Zu den schönsten Punkten rund um den Landkreis Oberallgäu
Länge: ca. 200 km
Markierung: Täfelchen mit Gebirgsdorf-Symbol
Zeitbedarf: ca. 9 Tage

*Ausgangspunkt:* Beliebig
*Wegverlauf:*
1. Tag: Altusried – Gschlief – Buchenberg (23 km).
2. Tag: Buchenberg – Missen (ca. 26 km).
3. Tag: Missen – Oberstaufen – Steibis (ca. 20 km).
4. Tag: Steibis – Balderschwang (ca. 17 km).
5. Tag: Balderschwang – Oberstdorf (ca. 23 km).
6. Tag: Oberstdorf – Hindelang (ca. 18 km).
7. Tag: Hindelang – Wertach (ca. 21 km).
8. Tag: Wertach - Wildpoldsried (ca. 26 km).
9. Tag: Wildpoldsried – Haldenwand – Altusried (ca. 25 km).

*Bitte beachten:* Der Weg ist im Voralpengebiet leicht zu begehen; im alpinen Bereich sind Kondition, Ausdauer und Trittsicherheit erforderlich. Ein Faltblatt mit Wegbeschreibung, Skizze und Pauschalangebot über Gepäcktransfer und Übernachtungsmöglichkeiten ist kostenlos bei den Oberallgäuer Verkehrsämtern erhältlich.

## 2 Schwäbisch-Allgäuer Wanderweg Augsburg – Sonthofen

Mit seinen Anschlußwegen zum Hauptweg:
von Dillingen a. d. Donau, von Günzburg über Krumbach,
von Neu-Ulm, von Kaufbeuren, von Kempten,
von Sonthofen nach Oberstdorf
Länge: ca. 150 km
Markierung: blaues Andreaskreuz
Zeitbedarf: ca. 7 Tage

*Ausgangspunkt:* Leitershofen, südwestlich von Augsburg (H) [P]
*Wegverlauf:* Der gepflegte und gut markierte Weitwanderweg führt am Rand der Westlichen Wälder in allgemein süd/südwestlicher Richtung durch das Voralpenland ins obere Illertal.
*Bitte beachten:* Eine Broschüre über genauen Wegverlauf, Gehzeiten, Stützpunkte (Gasthäuser), Unterkunftsmöglichkeiten und Sehenswertes am Weg ist über den Buchhandel beziehbar (Hrsg.: Allgäuer Zeitungsverlag, Kempten). Auskunft über Rückfahrmöglichkeit mit der Bahn gibt der Bahnhof Sonthofen, Tel. 08321/2411.

## 3 Prälatenweg

Vom Kochelsee ins Ostallgäu,
entweder zu den Königsschlössern oder nach Marktoberdorf
Länge: ca. 140 km
Markierung: Krummstab-Symbol
Zeitbedarf: ca. 6 Tage

*Ausgangspunkt:* Kochel a. See **(Bf)** Ⓗ [P]
*Wegverlauf:*
1. Tag: Kochel a. See – Benediktbeuern – Penzberg – Iffeldorf/Osterseen (27 km).
2. Tag: Iffeldorf – Seeshaupt – Bernried (14 km).
3. Tag: Bernried – Magnetsried – Weilheim (22 km).
4. Tag: Weilheim – Polling – Peißenberg – Rottenbuch (31 km).
5. Tag: Rottenbuch (bis zur Wies Vereinigung mit dem König-Ludwig-Weg, siehe 4) – Wildsteig – Wieskirche – Steingaden – Lechbruck (21 km).
6. Tag: Lechbruck – Auerberg – Marktoberdorf (25 km).

*Bitte beachten:* Eine Broschüre mit detaillierter Wegbeschreibung und einem Unterkunftsverzeichnis sowie einem Hinweis über Gepäcktransport ist beim Fremdenverkehrsverband Pfaffenwinkel, 8920 Schongau, Tel. 08861/7773 und bei der Fremdenverkehrsgemeinschaft Ostallgäu, 8958 Füssen, Tel. 08342/75314 erhältlich.

## 4 König-Ludwig-Weg

Weitwanderung vom Starnberger See durch den Pfaffenwinkel
zu den Königsschlössern
Länge: ca. 115 km
Markierung: K-Symbol
Zeitbedarf: ca. 5 Tage

*Ausgangspunkt:* Starnberger See, Westufer
*Wegverlauf:*
1. Tag: Starnberg bzw. Tutzing – Perchting – Kloster Andechs – Kiental – Herrsching – mit dem Schiff über den Ammersee nach Dießen (21 km).
2. Tag: Dießen – Raisting – Wessobrunn – Hohenpeißenberg (24 km).
3. Tag: Hohenpeißenberg – Ammerschlucht – Rottenbuch – Wildsteig (22 km).
4. Tag: Wildsteig – Wieskirche – Trauchgau – Buching (20 km).
5. Tag: Buching – Hohenschwangau – Neuschwanstein – Füssen (18 km).

*Bitte beachten:* Auf der Teilstrecke durch die Ammerleite besteht bei Nässe Rutschgefahr; der Weg führt teilweise über Stege ohne Geländer; gutes Schuhwerk ist erforderlich. Eine Broschüre über den König-Ludwig-Weg ist bei der Arbeitsgemeinschaft Fernwanderwege, von-Kühlmann-Straße 15, 8910 Landsberg erhältlich. Pauschal-Arrangement mit Quartier-Reservierung und Gepäcktransport über die Verkehrsämter möglich und empfehlenswert.

## 5 Lech-Höhenweg

Weitwanderweg durch die infolge zahlreicher Staustufen entstandene Fluß-Seen-Landschaft vom Lechfeld nach Füssen
Länge: ca. 115 km
Markierung: L-Symbol
Zeitbedarf: ca. 4 Tage

*Ausgangspunkt:* Entweder Wanderparkplatz beim ⌂ Zollhaus am Ostufer des Lech, ca. 15 km nördlich von Landsberg, an der Straße Lechfeld – Scheuring; oder, verkehrsgünstiger, Landsberg a. Lech [P] (H) (Bf)
*Wegverlauf:*
1. Tag: Waldrestaurant Zollhaus – Naturfreundehaus Oskar-Weinert-Hütte – Kaufering – Landsberg (15 km).
2. Tag: Landsberg – »Teufelsküche« – Pitzling – Hohenwart – Mundraching – Epfach – Kinsau – Flößerkapelle St. Ursula – Schongau (26 km).
3. Tag: Schongau – Litzauer Schleife – Lech-Alm – Burggen – Forchenmühle – Oberer Lechsee – Lechbruck (24 km).
4. Tag: Lechbruck – Prem – Füssen (26 km).
Mit dem Zug zurück nach Landsberg bzw. nach Kloster-Lechfeld, von dort 2 km zum Ausgangspunkt.

*Bitte beachten:* Schwierige Quartiersuche, weit auseinanderliegende Dörfer, Unterkunftsuche rechtzeitig beginnen. Vorschlag: leichtes Gepäck; Arrangements mit Übernachtung, Gepäcktransport und Stadtführungen möglich, Anmeldung über Reisebüros.

## 6 Europäischer Fernwanderweg 4 (E 4)

Pyrenäen – Neusiedler See, Teilstück Allgäu – Schloß Linderhof
Länge: ca. 80 km
Markierung: kleine weiße Täfelchen E 4
Zeitbedarf: ca. 5 Tage

*Ausgangspunkt:* Oberstaufen, Staufner Haus ⌂ am Hochgrat
*Wegverlauf:* Aus dem Bodenseeraum kommend über Dornbirn und Hittisau im Lecknertal ostwärts, die österreichisch/deutsche Grenze überschreitend, hinauf zum Staufner Haus am Hochgrat – weiter: Nagelfluhkette – Gunzesrieder Tal – Sonthofen – Tiefenbacher Eck – Hirsch-Alpe – Unterjoch – Rehbach – Vilstal – Pfronten – Ruine Falkenstein – Zirmgrat – Alatsee – Füssen – Schwangau – Tegelberg – Kenzenhütte – Schloß Linderhof – ostwärts ins Werdenfelser Land.
*Bitte beachten:* Führer »E 4«, Verlag Fink-Kümmerly-Frei, Stuttgart; im Buchhandel erhältlich.

## 7 Europäischer Fernwanderweg 5 (E 5)

Konstanz – Meran, Teilstück Allgäu – Memminger Hütte
Länge: ca. 80 km
Markierung: kleine weiße Täfelchen E 5
Zeitbedarf: ca. 4 Tage

*Ausgangspunkt:* Oberstaufen, Staufner Haus 🏠 am Hochgrat
*Wegverlauf:* Aus dem Bodenseeraum kommend zunächst gleicher Routenverlauf wie E 4: Dornbirn – Hittisau – Lecknertal – Staufner Haus – Nagelfluhkette – Gunzesried – Sonthofen – hier Abzweigung nach Süden: Oberstdorf – Spielmannsau – Kemptner Hütte – Holzgau – Madautal – bis Bergheim Hermine – Memminger Hütte – über Zams im Oberinntal ostwärts auf den Veneter Höhenzug.
*Bitte beachten:* Führer: »E 5«, Verlag Fink-Kümmerly-Frei, Stuttgart; im Buchhandel erhältlich.

# Anhang

## Alpine Beratungsstellen, Bergschulen, Alpinschulen

| | |
|---|---|
| Oberstdorf | Alpine Beratungsstelle bei der Kurverwaltung<br>Marktplatz 7<br>Tel. 08322/700200 |
| | Alpin- und Bergwanderschule Oberstdorf GmbH<br>Frhr.-v.-Brutscher-Straße 4<br>Tel. 08322/3110 |
| | Bergschule Oberallgäu<br>Udo Zehtleitner<br>Tel. 08321/4953 |
| | Bergführerbüro Alpinschule OASE<br>Hauptstraße 6<br>Tel. 08322/7538 oder 2312 |
| Mittelberg/<br>Kleinwalsertal | Bergschule Walter Heim<br>Bödmerstraße 56<br>Tel. 08329/5960 |
| Hindelang | Alpine Beratungsstelle bei der Kurverwaltung<br>Tel. 08324/89220 |
| Füssen | Bergschule Ostallgäu<br>Kleebauer<br>Weidachstraße 54<br>Tel. 08362/6464 |
| Schoppernau/<br>Bregenzerwald | Alpinschule Stelzhammer<br>Tel. 05515/2196 |
| | Gerhard Fritz<br>Tel. 05583/2716 |
| Steeg/Lechtal | Alpinschule Adolf Kerber<br>Hägerau<br>Tel. 05633/5477 |
| Reutte/Tirol | Alpinschule Außerfern<br>Tel. 056/2232 |

## Bundesbahn-Service für Radfahrer

Die Bundesbahn befördert auf der Strecke Immenstadt – Oberstdorf Fahrräder kostenlos; Voraussetzung: gültiger Fahrausweis.

## »Blütentelefon«

Über das »Blütentelefon« der Kurverwaltung Hindelang – Tel. 0 83 24/8 92-21 – kann man sich informieren, wo welche Bergblumen zur Zeit blühen.

## Empfehlenswerte Wanderkarten

| Gebiet | Herausgeber, Kartenbezeichnung |
|---|---|
| Allgäuer Alpen | Bayerisches Landesvermessungsamt |
| Westallgäu | Kompass, Nr. 02, 2 und 187 |
| Oberallgäu/Oberstdorf/ Kleinwalsertal | Zumstein, Nr. 4 und 6; Freytag & Berndt, Nr. 351 und 363; Kompass, Nr. 03 und 3 |
| Bregenzerwald | Freytag & Berndt, Nr. 364; Kompass, Nr. 2 |
| Hindelang/Tannheimer Tal | Zumstein, Nr. 3; Freytag & Berndt, Nr. 352 |
| Ostallgäu/Füssen/ Tirol | Zumstein, Nr. 1 und 2; Kompass, Nr. 4 |
| Pfaffenwinkel | Kompass, Nr. 179 |
| Lechtal | Kompass, Nr. 24; Freytag & Berndt, Nr. 351 |

# Gehen Sie neue Wege

Konrad Fleischmann
**Das Alpen-Wanderbuch**
50 Tourenvorschläge für Bergwanderungen zwischen Oberstdorf und Salzburg mit Wegbeschreibungen, Hinweisen auf Sehenswertes, Freizeitangebote und Veranstaltungen; Tourensteckbriefe mit Skizzen; hervorragende Fotos.

Konrad Fleischmann
**Bequeme Alpenwege für Genießer**
Bequeme, gut markierte Wanderungen und Bergtouren zwischen Bregenzer Wald und östlichem Salzkammergut sind hier zusammengestellt für Genießer, die die Schönheit der Berge ohne große Anstrengung erleben möchten.

Konrad Fleischmann
**Das Eifel-Wanderbuch**
100 Halb- und Ganztagestouren zwischen Aachen und Trier mit attraktiven Fotos und Tourenskizzen, Wegbeschreibungen, Kurzangaben über Sehenswertes, Veranstaltungen und andere Freizeitmöglichkeiten.

Konrad Fleischmann
**Das Franken-Wanderbuch**
220 leichte Halbtages- und Tagestouren in 11 Schwerpunktgebieten zwischen Saale und Donau sowie zwischen Naab und Main – mit Infor-mationen zu Landschaft, Kunst, Kultur, Sehenswertem und Freizeitangeboten.

Konrad Fleischmann
**Wanderbuch Bayerischer Wald – Oberpfälzer Wald**
100 Wanderungen von 50 Orten aus, im Oberpfälzer Wald, im Bayerischen Wald und im Nationalpark.

Konrad Fleischmann
**Wanderbuch Schwarzwald**
Die schönsten Wanderungen im Nord- und Südschwarzwald: 98 Tourenvorschläge in 49 Gebieten und sämtliche, die Region durchziehende Fernwanderwege.

Marianne Heilmannseder
**Das Alm-Wanderbuch**
25 Almwanderungen in Oberbayern, 7 im Allgäu und 18 in Nordtirol mit zahlreichen Varianten und Gipfelbesteigungen.

# Gehen Sie neue Wege

Marianne Heilmannseder
**Münchner Brotzeit-Wanderbuch**
Der erste Freizeitführer mit je 30 Rundtouren für Radler und Wanderer und (mindestens) einem Wirtshaus bzw. Biergarten als Ziel: Routenbeschreibung, Grafik zu jedem Touren-Duo, Wirtshaus-Foto, zusätzliche Informationen

Marianne Heilmannseder
**Das Münchner Wanderbuch**
Über 200 Wandervorschläge für die ganze Familie in den beliebtesten Ausflugsgebieten rund um München mit genauen Beschreibungen und Wegverlaufskizzen.

Marianne Heilmannseder
**Das Oberbayern-Wanderbuch**
150 Halb- und Ganztagestouren mit Varianten – zum Teil mit Anschluß an Fernwanderwege; Tourenverlauf; typische, historische, natur- und volkskundliche Aspekte der Gebiete; Tourenskizzen;

Hubert Kulmus/ Christl Heck
**Das Allgäu-Wanderbuch**
73 Wandervorschläge in 50 Tourengebieten zwischen Bodensee und Lech, Isny und Füssen/Reutte mit genauen Tourenbeschreibungen, Fotos, Kartenskizzen, Informationen zu Region, Geschichte, Sehenswürdigkeiten, Veranstaltungen u.a.

**Dies ist nur eine Auswahl aus über 60 Titeln zum Thema Wandern und Alpinismus**

---

In unserem Verlagsprogramm finden Sie Bücher zu folgenden Sachgebieten:

**Garten und Zimmerpflanzen • Natur • Angeln, Jagd, Waffen • Pferde und Reiten • Sport und Fitness • Reise und Abenteuer • Wandern und Alpinismus • Auto und Motorrad • Essen und Trinken • Gesundheit**

BLV

Wünschen Sie Informationen, so schreiben Sie bitte an:

**BLV Verlagsgesellschaft mbH • Postfach 40 03 20 • 8000 München 40**